인문학, 인간을 깨우다

삶의 본질을 발견하는 지혜의 첫걸음

"고전의 매력은 질박質朴입니다.

그리고 그것은 고전이 가진 힘의 원천이기도 합니다.

즉 전혀 다듬어지지 않은 통나무와 같은 것이 고전입니다.

통나무는 식탁의 재료가 되기도 하고, 수레의 재료가

되기도 하고, 궁궐의 재료가 되기도 합니다.

통나무로 무엇을 만들 것인가 하는 것은 만드는 사람의

의지에 달려 있고, 완성된 물건은 통나무의 질감이 살아

있으면서도 만든 사람의 생각이 반영되어 있습니다.

우리는 새로운 생각이나 방법을 가지고 얼마든지

통나무를 깎아 새로운 물건을 만들 수 있습니다.

새로운 물건이 가공되지 않은 원재료를 바탕으로

만들어지는 것과 같이 새로운 아이디어는 고전을

통해 나옵니다."

< 리링李零, [집 잃은 개], 1374쪽 >

(EBS FM '고전 읽기'에서 매주 금요일 '김병완의 고전 불패'를 진행했던 '독서의 신' 10년 동안 100권의 책을 출간한 '집필의 신' 김병완 작가가 밝히는 고전과 인문학 시리즈 중에 첫 번째는 고전 시리즈로 제1권은 고전 독서 혁명_ 인간을 다시 만드는 책 읽기의 기술이며, 제2권은 고전의 신이 되어라 _ 인생을 혁명하는 즐거운 고전 읽기의 비밀이다. 그리고 이 책은 두 번째 시리즈인 인문학 시리즈로 제1권은 인문학, 인간을 깨우다 _ 삶의 본질을 발견하는 지혜의 첫걸음, 제2권은 인문학, 세상을 읽다 _ 문학·역사·철학으로 인간 세상을 탐구하다, 제3권은 인문학, 인생을 완성하다 _ 읽고 생각하며 살아가는 독서와 인생의 기술이다. 이 책은 13년 전 출간된 책의 개정 증보판입니다)

프롤로그_책(冊)! 인문학을 탐하다.

'단 한 권의 책밖에 읽지 않은 사람을 경계하라!'

영국의 정치가 디즈레일리의 이 말은 책 읽기가 얼마나 우리의 인생에 중요한 것인지를 가늠해 볼 수 있게 해 준다. 당신은 어떤 책을 읽고, 무엇을 탐하는 사람인가? 당신이 읽는 책은 곧 당신 자신이 된다. 그러므로 어떤 책을 읽느냐 하는 문제는 당신이 어떤 사람이 될 것인가 하는 문제와 동일하다.

프랑스의 유명한 미식가는 '당신이 어떤 음식을 먹는지 말해 보라. 그러면 당신이 어떤 사람인지 맞혀보겠다.'라고 말한 적이 있다. 하지만 이 말보다 더 정확하게 적용이 가능한 분야가 바로 책 읽기일 것이다.

'당신이 어떤 책을 읽는지 말해 보라. 그러면 당신이 어떤 사람인지 맞혀보겠다.'

일본에서 자타가 공인하는 최고의 독서가 중의 한 사람인 나루케 마코토는 시류에 편승하는 베스트셀러만 따라 읽는 사람들은 다른 사람이 터득한 요령이나 성공 비법을 따라 하기나 하는 사람이기에 동물원의 원숭이보다 더 나을 게 없다고 자신의 저서를 통해 주장한 적이 있다.

 미국의 소설가 마크 트웨인Mark Twain은 더 심한 말을 했다.

 " 양서良書를 읽지 않을 바에는 아무것도 안 읽는 편이 낫다."

 물론 필자는 이렇게 까는지 생각하지 않는다. 모든 책은 저마다의 가치가 있다고 생각한다. 하지만 조금 더 가치가 있는 책이 있고, 상대적으로 덜 한 책이 있다고 생각한다. 그렇다면 같은 시간, 같은 양의 독서를 한다고 볼 때, 당신은 어떤 책을 읽을 것인가? 대답은 자명하다.

우리는 우리 자신이 원숭이보다 더 나을 게 없는 존재인지, 아닌지를 곰곰이 검증해 봐야 한다. 그리고 그렇게 검증하기 위한 최고의 기준은 인간만이 할 수 있는 고유한 행위, 즉 인문학에 대한 앎과 배움이다. 그리고 그것은 인문학 독서로 시작할 수 있다.

 우리가 인문학을 탐해야 하는 이유가 있다. 그것은 인문학 독서를 하지 않는 사람은 자신의 인생에 갇혀 살게 되기 때문이다.

 누군가를 우리가 길거리에서 붙잡아서 아무것도 할 수 없는 감옥 속에 집어넣어 놓고서 나오지 못하게 한다면 어떻게 될까? 영화 <올드 보이>처럼 누군가가 자신을 15년 동안 감금해 버린다고 생각해 보라. 우리는 참을 수 없을 것이다. 그렇다면 왜 참을 수 없을까? 그것은 어제와 다를 바 없는 고정된 삶, 수동적인 삶, 자유가 없는 삶, 성장과 발전이 없는 삶, 죽은 삶이기 때문이다.

 그렇다면 인문학 독서를 하지 않는다는 것은 어떨

까? 자신이 갇혀 살고 있는 것인지도 모르면서 하루하루, 평생을 살아가고 있는 것이므로 더 심한 분노를 느껴야 정상이다. 하지만 많은 사람들이 그렇게 하지 않는다. 그래서 그들은 진짜 갇혀서 살아가고 있는 사람들이 확실한 것이다.

인문학 독서를 하지 않는 사람들은 타인이 정해놓은 인생을 열심히 살아 갈 뿐, 자기 생각과 상상력으로 인생이 무엇인지, 무엇을 하며 살아가야 하는지, 왜 살아가야 하는지, 인생의 참된 의미와 가치는 무엇인지, 어떤 인생을 만들어가야 하는지에 대한 사유가 부족하게 된다.

이러한 인문학적 상상력과 사유가 결핍되어 있는 환경은 <올드 보이>에서 '오늘만 대충 수습하며 살자'라고 자신의 이름 풀이를 하는 주인공 오.대.수가 15년 동안 갇혀 살아가는 환경과 전혀 다를 바가 없는 것이다.

8평이라는 싸구려 호텔방을 연상케 하는 제한된 감금 공간에서 자신이 왜 감금되어 있는지, 자신은 무엇을 하며 살아가야 하는지, 자신이 누구인지를 알지 못한 채 15년을 살아야 했던 오.대.수 위 삶은 인문학 독서를 하지 않고 살아가는 사람들이 자신이 누구인지, 왜 살아가야 하는지, 무엇을 하며 살아가야 하는지에 대해 사유하지 않고 살아가는 사람들의 삶과 다르지 않다.

 독서를 하는 사람과 하지 않는 사람도 차이가 생기지만, 인문학적 독서를 하는 사람과 그저 베스트셀러나 읽는 독서를 하는 사람 사이에도 차이가 생기는 것은 마찬가지이다. 시류에 편승하고, 돈을 많이 벌게 해 주고, 직장에서 승진을 잘하게 해 주는 그런 책만 읽는 사람은 절대로 리더나 지도자가 될 수 없다.

 리더나 지도자에게는 인문학적 상상력이 반드시 있어야 하기 때문이다. 혁신하고 창조하고 이끌어 가는 사람들은 모두 인문학적 독서를 하는 사람들이다. 그런 점에서 인생에서 가장 큰 차이를 만드는 것은 인문학적 독서라고 말할 수 있다.

시류에 편승하는 베스트셀러만 읽는 사람들은 수동적으로 흘러가는 TV 영상을 멍하니 바라보는 TV 시청자들과 별반 다를 바 없다. 그래서 많은 책을 읽었다고 해도 인생이 바뀌지 않는다고 불평하는 사람들은 대부분 이런 부류의 독서를 하는 사람들이라고 보면 된다. 하지만 인문학적 독서를 하는 사람은 적극적으로 자신의 삶을 반추하며, 수 천 년이란 시간과 공간을 뛰어넘으며 풍부한 상상력의 세계에 빠져들며, 인간이란 존재의 본질에 더욱 가깝게 접근하기 위해 스스로 한발 한 발을 내딛는 사람들이라고 할 수 있다.

베스트셀러 위주의 책들은 누군가가 이미 해 놓은 생각과 경험과 노하우와 지식을 그대로 전달하는 책이기 때문에 생각할 필요가 없이 그대로 받아들인다. 그야말로 주입식이다. 하지만 인문학 도서들은 스스로 그 속에 있는 것들을 파헤치고, 발굴해내야 한다. 그래서 능동적인 독서법이 필요한 것이다.

이런 차이 때문에 베스트셀러 위주의 독서를 해 왔

던 이들은 인문학 도서를 읽는 것이 버겁고 힘들고 재미가 없고, 결과적으로 이러한 독서를 하게 되면 효과도 없게 되는 것이다. 일반적인 독서법과 인문학적 독서법은 엄밀하게 말해서 음악을 감상하는 쪽과 새로운 음악을 함께 창작해 가는 쪽으로 나눌 수 있는 것이다.

겉에서 봤을 때는 똑같이 독서하고 있지만, 한쪽은 감상하는 것이고 다른 한쪽은 창조해 나가는 것이다. 그래서 독서란 결국 자신의 사고와 의식 수준에 따라 똑같은 책을 읽어도 달라지는 것이다. 또한 그렇기 때문에 우리는 인문학적 독서법을 제대로 배워야 할 필요가 있다. 개중에는 그 차이가 무엇이 있느냐고 반문할지도 모른다. 하지만 그 차이는 너무나 크다고 할 수 있다. 오죽했으면 115권의 책을 쓴 위대한 천재 괴테가 다음과 같은 말을 했을까?

" 대부분 사람은 읽는 방법을 배우는 데 오랜 시간이 걸린다는 사실을 모른다. 나는 8년이 걸렸고, 지금도 완전하다고 말할 수 없다."

우리가 책으로 인문학을 탐해야 하는 이유는 인생을 폭 넓게 살고, 심지어 여러 번 살기 위해서이다. 체코의 작가 밀란 쿤데라는 '책을 읽지 않는 사람은 한 번의 인생을 살지만, 책을 읽는 사람은 여러 번의 인생을 산다.'라고 말했는데, 책을 통해 여러 번의 인생을 살 수 있으려면 인문학적 독서를 해야 한다.

프롤로그_책! 인문학을 탐하다.

제 1 부. 인문학은 삶을 풍요롭게 해 준다.

  제 1 장. 삶과 인문학과 독서는 하나다.

   삶과 인문학과 독서는 하나다.
   인문학 독서의 올바른 자세란?
   인문학 독서가 인생을 좌우한다.
   인문학 독서는 살아가는 힘이다.
   인문학 독서 vs 일반서 독서.
   인문학 독서는 우리의 성공을 이끈다.

  제 2 장. 인문학은 삶을 풍요롭게 해 준다.

   인문학은 삶을 풍요롭게 하는 최상의 방법이다.
   위대한 투자자들은 모두 인문학 독서광들이었다.
   인문학 독서는 우리의 생각을 넓혀준다.
   인문학 독서를 해야 하는 이유!
   인문학을 구성하는 세 가지 기둥!
   인문학 독서는 쌍방향 통행이어야 한다.

현대 문명을 이룩한 두 축! 인문학과 과학!
발명왕 에디슨의 아이디어는 모두 소크라테스의 아이디어이다.

부록 _ 책 읽는 시간을 확보하는 방법

제1부. 인문학은 삶을 풍요롭게 해 준다.

" 읽은 책으로 그 사람의 품격을 알 수 있다. 사귀는 친구로 그 품격을 알 수 있는 것처럼."

_ 새뮤얼 스마일스 _

" 좋은 책을 읽기 위해서는 나쁜 책을 읽지 않는 것이 중요하다. 그러기 위해서는 잠시 인기 있는 책에 함부로 손대지 말아야 한다. 바보 같은 독자를 위해서 책을 쓰는 저자들이 흔히 많은 독자를 지니고 있다는 사실을 깨달을 필요가 있다." _ 쇼펜하우어 _

제1장. 삶과 인문학과 독서는 하나다.

" 마음만을 즐겁게 하는 평범한 책들은 지천으로 깔려 있다. 따라서 의심할 바 없이 정신을 살찌우는 책을 읽어야 한다."   _ 세네카 _

삶과 인문학과 독서는 하나다.

" 나는 적어도 책 한 권에 인생이 변했노라고 말하는 비열한 인간이 되기 싫었던 것이다. "
_ 이 응준, [어둠의 뿌리는 무럭무럭 자라나 하늘로 간다] 중에서 _

 우리는 태어나면서부터 지금까지 하루도 빠지지 않고 하루하루를 살아왔다. 의식을 잃고 쓰러져 혼수상태가 되어 식물인간이 되지 않고서야 하루하루를 건너뛸 수 없다. 싫든 좋든 살아가야 하는 것이다. 이것이 삶이라면, 독서 역시 그렇게 해야 한다. 물론 삶이 고통과 즐거움을 모두 가지고 있듯, 독서도 이중성과 양면성을 다 가지고 있다.

 그럼에도 우리는 책을 읽어야 하는 이유는 독서하는 행위가 곧 삶을 살아가는 행위와 동일한 것이기 때문이다.
 책을 읽는 사람과 그렇지 않은 사람의 차이는 매우 크다. 그것은 인생을 제대로 살아가는 사람들과 그렇지 못한 사람들의 차이만큼 크다. 책을 읽는 사람들은 인생을 주체적으로 주도하며, 주체적으로 사유를 하며 세계를 개척하고, 자신의 인생을 개척하며 살아간다. 하지만 책을 읽지 않는 사람들은 인생을 주체적으로 살아가지 못할 뿐만 아니라 주체적 사유를 할 수 없을 만큼 자신의 주체성과 사유하는 능력을 상실해 버리며 살아간다.

독서는 우리의 삶과 별개의 것이 아니다. 독서하고 책을 가까이하는 행위는 곧 인간답게 살아간다는 것을 의미할 뿐만 아니다. 바로 그것 자체이다. 책을 읽지 않음으로써 세상과 단절되어 살아가는 것은 인생을 주체적으로 살지 못하여 겉돌게 되는, 빈껍데기로 인생을 살아가는 것과 다를 바 없다.

삶은 우리에게 경험을 통해 생각할 수 있는 소재를 제공한다. 책은 우리에게 읽는 행위를 통해 간접 경험을 제공해 주고, 그 간접 경험은 우리에게 주체적으로 사유할 수 있는 소재를 제공한다. 그리고 그 두 가지를 이어주는 것은 인문학이다.

결국 인문학은 삶의 다른 이름이다. 그래서 인문학 읽기는 인간의 삶을 탐구하는 과정이라고 말할 수 있는 것이다. 그리고 인류 문명의 발흥부터 지금까지 수많은 사람이 실행한 인간의 삶을 탐구하는 그 과정이 응축된 것이 바로 인문학 도서들이다.

"인간은 일정한 시간과 공간에서 구체적인 삶을 살아간다. 삶은 그 안에서 느끼고 이해하며, 생각하고 계획하는 조각들의 묶음이며, 그 묶음은 매 순간 살아가는 실존과 사건의 연속이다. 인문학은 이런 인간의 삶에 바탕 한 학문이다. 인문학의 토대는 인간과 삶이며, 방법론은 이해와 해석이며, 목적은 의미와 진리에 관계된다. 삶의 묶음은 지금 그리고 바로 이곳에서 이루어지는 구체적이고 직접적인 어떤 것들이다. 거론하기조차 힘든 수많은 삶의 행위 가운데서도 이 삶을 이해하고 해석하는 것은 매우 중요한 일이다.

인간을 인간이라 말할 수 있는 이유는 현재를 이해하고 해석하는 행위를 한다는 데 있다. 인문학은 이런 인간의 행위에 관계되는 학문으로, 인간의 삶과 역사는 물론, 존재와 실존의 문제, 내적이며 외적인 지평 모두와 관계한다. 그 학문은 인간존재와 삶의 현재에 대한 이해와 해석의 작업이다. 인문학은 그런 행위에 의한 의미의 학문이다. "

< 신승환, [지금, 여기의 인문학], 서문에서 >

 인문학이 존재할 수 있는 이유는 인간이 존재하기 때문이고, 인간이 더욱더 인간답게 살아갈 수 있는 이유는 인문학이 존재하기 때문이다. 그리고 그러한 관계를 통해 인간은 삶을 더욱더 아름답고 가치있게 살아 나갈 수 있게 되는 것이다.

 인문학은 사실상 우리 선조들이 살아왔던 그 발자취이고, 우리가 살아가면서 남기게 되는 발자취를 다시 한번 되새기며 돌아보는 것이다. 그래서 인문학은 질박해야 한다. 의도적으로 거품을 빼야 인문학을 제대로 할 수 있다.

 위대한 시성인들이 평범한 사람들보다 더 못 한

삶을 살아가는 이유가 바로 이것이다. 인문학을 한다고 그렇게 거창할 필요도 없고, 거창해서도 안 된다. 인문학을 하면 고귀한 것이고 차원이 높은 것이 아니다. 인문학은 결국 우리의 삶이다.

 참된 인문학은 소박하고 질박하다. 우리의 삶도 참된 삶은 소박하고 질박하기 때문이다. 참된 인문학은 지식이 아니라 우리의 생각이다. 그래서 생각을 붙잡아줄 수 있는 인문학 독서법이 최고의 독서법이다. 이것은 아무리 돈을 많이 벌고, 큰 성공을 하더라도 인격이나 품성에 결함이 있거나, 혹은 사회적으로 손가락질을 받을 만한 일을 저지르거나 수많은 이들의 손가락질을 받는 사람은 참된 인생, 올바른 인생을 살다 갔다고 하기에는 무리가 따르는 것과 마찬가지이다.

 그럼에도 우리가 인문학적 지식이 필요한 이유는 누군가가 말하는 그 개념과 용어를 모르게 되면, 서로 대화가 통하지 않고, 서로 배울 수도 없고 가르쳐 줄 수도 없기 때문이다.

아는 사람들은 잘난 척하는 거품을 빼야 하고, 모르는 사람들은 아는 척하는 거품을 빼야 한다.

무엇보다 인문학 독서가 필요한 이유는 통용되는 여러 가지 것들에 대해 모르면 타인의 생각과 이야기를 이해할 수 없게 되고, 자기 자신만의 좁은 세계에 완전하게 갇혀 살아가게 되기 때문이다.

지식인들이 시대의 양심으로 통하던 시절이 끝났다. 이제는 지식인들에게 미래의 희망을 걸기에는 너무 큰 변혁의 시대를 우리는 살고 있다. 이제 대중의 시대이다. 이제 대중이 인문학을 공부하고 스스로가 미래의 희망이 되어야 하는 시대다. 지금 인문학 열풍이 불고 있는 것은 바로 이 때문일 것이라고 나는 생각한다.

책을 읽는 것이 소수 특권층에게만 부여된 권리였다가 대중이 책을 읽게 된 것처럼 이제는 지식인들이 가졌던 의무를 대중들이 모두 가져야 할 때이다. 무엇보다 일반 대중이 인문학을 공부해야 하는 이유는 대부분의 엘리트가 경쟁 사회 속에서 자신의 전문 분야에만 깊숙이 매몰되어 가야 하는 운명 속에서 헤어 나오지 못 하기 때문이다.

모든 인생은 인문학이다.

 모든 인생은 인문학이다.
 그리고 그 인문학은 책으로 다시 태어난다.
 이것이 우리가 인문학 독서를 해야 하는
 이유이다.

 우리네 삶으로 다시 회귀하는 것이 독서인
 것이다.

 독서는 우리의 뇌를 바꾼다.
 그리고 독서는 우리의 인생도 바꾼다.
 이것이 우리가 독서해야 하는 이유이다.

 독서는 우리의 삶을 풍요롭게 하는 최상의
 방법이다.

 인문학 독서는 우리의 생각 폭을 넓혀준다.
 그리고 그것은 우리의 인생 역시도 넓혀 준나.

이것이 우리가 인문학 독서를 해야 하는 이유이다.

인문학 독서는 우리를 완성해 주고, 성장시켜 준다.

인문학 독서의 올바른 자세란?

" 책을 통해 스스로를 도야하고 정신적으로 성장해 나가고자 하는 데는 오직 하나의 원칙과 길이 있다. 그것은 읽는 글에 대한 경의, 이해하고자 하는 인내, 수용하고 경청하려는 겸손함이다."

 헤르만 헤세가 자신의 책[헤르만 헤세 독서의 기술]에서 언급한 말이다. 그런데 그가 말한 그 시대에 모름지기 책이라면 인문학 책이 대부분을 차지했을 것이다. 하지만 지금은 비인문학 도서가 더 많은 부분을 차지하고 있다. 그래서 우리는 비인문학 도서를 읽을 때와 같은 방법으로 인문학 도서를 대하는 오류를 쉽게 범하게 된다.

 문제는 그렇게 인문학 도서를 대하게 되면 아무리 많은 인문학 도서를 읽는 다 해도 정신은 여전히 빈곤하다는 것이다. 그것은 인문학 도서를 제대로 읽는 방법을 모르고, 올바른 자세로 읽지 않게 되면 아무것도 남지 않기 때문이다.

비인문학 도서를 읽을 때는 무엇인가를 파헤치고, 무엇인가를 얻기 위해 책을 읽어야 한다. 한 마디로 비즈니스와 얼추 비슷한 성격이 있다. 하지만 인문학 도서를 읽을 때는 이렇게 읽어서는 안 된다.

인문학 독서의 올바른 자세는 친구를 사귀듯 스승을 대하듯 인생의 선배를 만나서 차 한 잔을 나누면서 삶에 관해 이야기하듯 그렇게 인문학 도서도 그렇게 읽어야 한다.

비인문학 독서는 지식과 정보, 기술을 배우고 익히고 얻으면 그만이다. 하지만 인문학 독서는 끊임없이 나오는 바다의 보물을 캐는 것과 다를 바 없다. 그래서 소중한 보물을 모으고, 친구를 얻고, 삶을 더욱더 풍성하게 하는 방편이라고 할 수 있다.

누군가가 진정한 인문학 독서가인지 아니면 얼치기 독서가인지 알 수 있는 나름의 방법이 있다. 그것은 그 사람의 집에 가서 어떤 책을 소장하고 있는지 살펴보는 것이다. 그리고 그 책의 상태를 보는 것이다.

헤르만 헤세는 올바른 독자들이라면 장서가 藏書家이기도 해야 한다는 주장을 펼친 적이 있다. 그의 주장이 너무나 타당해서 필자 역시 그의 주장에 동조할 수밖에 없다.

" 기본적으로 올바른 독자라면 장서가 藏書 家이기도 하다. 책을 가슴으로 받아들이고 아낄 줄 아는 사람이라면, 어떻게든 그것을 손에 넣어 거듭 읽고 손 뻗으면 닿을 곳에 가까이 두려고 하기 때문이다. 책을 빌려 한 번 쭉 읽고 반납하면 간편하기야 하겠지만, 그렇게 읽은 책은 손을 떠나기 무섭게 잊혀지기 일쑤다." < 107쪽, [헤르만 헤세의 독서의 기술] >

인문학을 탐독하는 독서가들의 집에 가 보면 잘 보관되어 온 책들이 많이 있음을 알 수 있다. 그리고 그 이유는 바로 이런 까닭이라고 할 수 있다.

인문학을 사랑하고, 평생 인문학 도서를 읽고, 인문학적 수양을 갖춘 사람이라면 이러한 자세를 쉽게 엿볼 수 있게 된다. 그런데 이러한 모습을 우리는 우리의 선조들에게서도 쉽게 찾아볼 수 있다.

정조 때의 실학자 이덕무(李德懋)는 가장 올바른 인문학 독서가라고 필자가 칭송하는 사람 중의 한 명이다.

" 책만 보면 그저 즐거웠다."

그는 스스로를 '책만 보는 바보'라는 뜻의 간서치(看書痴)라고 표현할 정도로 책을 읽는 것을 좋아했다. '세상의 모든 책을 다 읽겠다'라는 큰 야망을 품고 있었던 그는 한겨울에도 냉방을 할 수 없을 정도로 생활고에 시달렸지만, 책을 손에서 놓지 않았다. 그는 스물한 살 때 쓴 [간서치전]에서 자기 자신을 이렇게 표현했다.

" 남산 아래 산 바보는 말 재주가 없고, 성품은 게으르고, 옹렬하여 세상을 알지 못했다. 바둑이나 장기 등 잡기는 더더욱 몰랐다. 남들이 욕을 해도 말하지 않았고, 칭찬해도 우쭐대지 않았다. 오직 책

보는 즐거움으로 인해 추위도 더위도 배고픔도 아픈 줄도 아주 몰랐다."

 인문학 독서를 하기 위해 필요한 자세는 바로 이것이다. 인문학 독서는 그 효과나 성과가 눈에 바로 보이는 그러한 실용서나 일반서적을 읽는 것과 다르다. 일단은 그것을 좋아해야 하고, 즐겨야 하고, 그 맛을 느낄 수 있어야 한다. 그래야 오래 갈 수 있다.

 당신이 만약에 당신의 탁월한 지적 능력을 즐기기 위해 인문학 독서를 하는 사람이거나 혹은 지식이나 교양을 쌓기 위해서 인문학 독서를 하는 사람이라면 사회 과학이나 자연 과학으로 전환할 것을 추천한다. 작은 것을 투자해서 눈에 보이는 가시적인 효과로 많은 것을 얻을 수 있는 분야는 인문학은 아니기 때문이다.

 이런 이유로 뭔가를 얻어서 남들에게 과시하고 싶어서 인문학을 하는 것은 스스로를 힘들게 하고 기만하는 행위가 된다. 인문학은 결국 물 흐르듯 한

걸음씩 천천히 해 나가야 한다. 조급한 마음으로 한 번에 많은 것을 하고, 많이 하려고 하는 마음은 가장 경계해야 할 마음 자세이다.

인문학 독서가 인생을 좌우한다.

' 당나귀는 여행에서 돌아와도 여전히 당나귀일 뿐 말이 될 수 없지만, 인간은 인문학 독서를 할수록 더욱더 인간이 되어 간다.'

필자는 이 말을 좋아한다. 필자가 직접 만든 말이다. 이 한마디에 우리가 인문학 독서를 할 때 그 유익함을 단적으로 표현하고자 했다. 인간은 인문학 독서를 하지 않으면 점점 더 인간으로부터 멀어져 가게 되고, 반대로 인문학 독서를 하게 되면 점점 더 인간다워진다. 좀 더 구체적으로 표현하면, 인문학 독서를 제대로 할수록 가치 있는 인생, 의미 있는 인생을 살아갈 수 있게 된다.

그런 점에서 인문학 독서가 인생을 좌우하는 것이다. 돈이나 성공이나 명예가 우리의 인생을 좌우하는 것은 아니다. 돈이나 성공이나 명예는 결국 우리가 어떻게 살아왔는가에 대한 부산물일 뿐이다. 인문학 독서는 우리가 어떻게 살아갈 것인가를 가르쳐 주고 스스로 깨닫게 해 준다. 그런 점에서 인문학 도서는 우리의 인생을 모습과 결과까지 결정짓게 해 주는 것이라고 말할 수 있다.

언제부터인지 독서를 하는 사람들이 편식을 하기 시작하고 말았다. 쉽고 재미있고 시류에 편승하는 얄팍한 책들을 읽기 시작했다. 그래서 인문학 도서들은 점차 잊혀 가게 되었고, 인문학 독서를 하는 사람들은 자신들과 별개의 부류라고 생각하게 되었다.

비인문학 서적들, 즉 여기서는 일반 서적이라고 하자. 그러니까 일반 서적들을 읽는 것도 매우 유익하다고 할 수 있다. 하지만 인문학 서적은 그것보다 한 단계 더 유익하다고 보면 된다. 수많은 사람이 책을 많이 읽었음에도 인생이 바뀌지 않았다고 불평을 토로한다. 물론 그 이유는 한 가지가 아닐 것이다. 하지만 알고 보면 그런 사람 중에 상당수는 쉽고 편하고 재미있는 책들 위주로 읽거나, 지식을 쌓을 수 있고, 실제로 바로 이용해 먹을 수 있는 실용서 위주의 책을 읽는다는 것이다.

인문학 독서를 하든 안 하든 책만 읽으면 되는 것이 아니라 인문학 독서는 독서의 완성 혹은 독서의 주류여야 한다는 것이 필자의 생각이다.

 한국 사람들에게 있어서 식사라고 하면 밥과 국, 반찬들을 골고루 먹어야 한 끼 식사했다고 생각할 수 있다. 물론 지금은 햄버거 하나만 먹어도 식사했다고 하지만, 전통적인 우리의 의식에서는 최소한 밥과 국, 반찬을 고루 먹었을 때 식사를 제대로 했다고 생각한다.

 그런데 인문학 독서를 하지 않고, 실용서만 보는 사람은 결국 밥은 먹지 않고, 국이나 반찬만 먹고 식사를 했다고 하는 것과 같다는 것이다. 몸에 힘을 주고, 활동할 수 있게 해 주는 것은 밥이지 반찬이 아니라는 것이다.

 인문학 독서는 바로 이와 같은 밥의 힘을 내게 해 주는 독서인 것이다. 다시 말해 인문학 독서는 인생이 튼튼해지고, 깅긴해지고, 흔들림 없이 요동치지 않게 해 주는 토대와 밑거름이 되어주는 독서인 것이다. 그래서 인문학 독서가 우리의 인생을 좌우하고 남는 것이다.

 형편이 어려워서 어렸을 때 교육을 받지 못한 사람들이나 노숙자들, 범죄자들, 알코올 중독자들에게 인문학을 가르치자, 그들의 삶이 몰라보게 달라지는 기적이 일어나는 이유도 바로 이런 것이다.

 힘이 없어서 움직이지 못하고 쓰러져 있는 사람들에게 밥을 먹이게 되면 힘을 회복하고 다시 일어나서 활동할 수 있게 되듯, 인문학 독서는 바로 그런 것이다.

 그래서 인문학 독서는 해도 되고 안 해도 되는 것이 아니다. 인문학 독서를 하지 않으면 보다 나은 인생을 창조해 나갈 수 없게 되고, 최고의 자신을 만들 수 없게 된다. 인문학 독서를 통해 자신과 인생에 대해 깨닫게 될수록 인생은 커지고 향상되며, 자기 자신은 더 나은 존재로 도약할 수 있게 된다.

 인문학 독서를 통해 인문학적 의식과 소양을 가지

게 되면 탁월한 혁신가가 될 수 있고, 새로운 법칙을 발견해 내는 위대한 과학자가 될 수 있고, 새로운 예술 분야를 창시하는 놀라운 예술가도 될 수 있다.

그런 점에서 인문학 독서는 평범한 인생을 위대한 인생으로 탈바꿈시켜 주는 위대한 도구이다. 결국 인생을 만드는 것은 학교에서 배운 교육이나 우리가 사귀는 친구가 아니라 우리가 읽은 인문학이다.

인문학 독서가 인생을 좌우할 수 있는 또 다른 이유는 인문학 독서를 통해 우리는 우리가 누구인지, 우리가 왜 살아가야 하는지, 어떤 목표를 가지고 살아야 하는 것인지, 삶과 죽음은 무엇인지, 정의와 도덕은 무엇인지 와 같은 질문들을 스스로 던지고, 동시에 그 질문들에 대한 답을 찾아가고 발견해 나갈 수 있기 때문이다.

결국 인문학 독서는 자아를 형성시키고, 세계관과 인생관 등과 같은 자신의 관점을 정립해 나갈 수 있게 된다. 인생을 좌우하는 것은 바로 이러한 자신의 관점들이라고 할 수 있다. 그런 점에서 이러한 관점들을 형성시키고 결정짓는 인문학 독서가 결국에는 인생을 좌우하는 것이 되는 것이다.

 인문학 독서를 한 사람들은 그렇지 않은 사람들과 삶의 모습과 질이 다를 수밖에 없다. 인생의 질을 결정하는 것은 많은 돈과 지식과 교양이 아니라 인문학 독서이다. 아무리 많은 돈을 가진 자라고 해도 인문학 독서를 통해 자신의 소양과 의식을 드높이지 못한 사람은 졸부밖에 되지 못한다.

 지식과 교양이 아무리 많아도 그것만으로 삶의 품격이 저절로 갖추어지는 것은 아니다. 인문학 독서는 눈에 보이지 않는 품격을 만들어 준다. 그래서 돈이 없고 지식이 없어도 품격이 있는 사람이 따로 있는 것이다.

 인문학 독서를 하게 되면 인생을 좀 더 폭 넓게 만들어갈 수 있다. 인간은 평생 태어나서 경험하게 되는 경험의 폭과 사고의 수준이 한정되어 있다. 이것은 마치 우물 안의 개구리와 다를 바 없다.

오래 전에 방영된 김병만의 정글의 법칙에서 마다가스카르에서 살고 있는 희귀종인 '피그미 카멜레온'에 대해서 소개가 된 적이 있다. 이 동물은 몸길이가 3cm밖에 안 되는 초미니 생물이다. 그런데 더 놀라운 사실은 이 생물이 평생 활동 반경이 1m 이내라는 것이다.

우리가 이 생물을 보고 놀라는 것이 당연하듯, 우리 역시도 너무나 좁은 세계 안에서 갇혀 살아가고 있는 존재들인지도 모른다. 하루 종일 우리는 7만 가지의 생각들을 하며 하루를 살아간다. 그런데 그 7만 가지 생각 중에 80% 이상의 생각들은 어제 했던 바로 그 생각들이라는 것이다. 결국 우리는 생각의 감옥에서 벗어나지 못하고 있다.

인문학 독서는 우리로 하여금 생각의 회로 안에서 벗어날 수 있게 해 준다. 니체가 망치로 철학하는 법에 대해 언급했듯이, 인문학 독서는 우리의 얼어붙어 버린 의식의 세계를 깨뜨려 주는 망치와 같은 것이다.

우리의 삶의 질과 인생의 크기를 결정짓는 것은 바로 인문학 독서인 것이다.

인문학 독서는 살아가는 힘이다.

인문학 독서가 일반적인 독서와 가장 큰 차이를 만들어 내는 것 중의 하나가 인문학 독서를 하게 되면 '통합적이고 다면적으로 세상을 보는 눈'을 갖게 된다는 것이다. 그리고 그러한 눈은 인생을 잘 살아갈 수 있게 해 주는 엄청난 힘이 되어 준다.

우리가 인생을 살아갈 때, 이러한 '통합적이고 다면적으로 세상을 보는 눈'이 필요한 이유는 이 세상은 살아간다는 것은 수많은 선택을 하면서 살아간다는 것과 같은 것인데, 인생을 잘 살아간다는 것은 가장 좋은 최선의 선택을 할 줄 안다는 것을 의미하기 때문이다.

하루에도 크고 작은 선택을 해야 하며, 인생을 좌지우지할 만큼 큰 선택을 해야 할 때가 너무나 많다. 그런데 그 선택을 어떻게 하고, 무엇을 택하고 심지어 새로운 길과 해결책을 강구하고 발견해 내느냐 하는 것에 따라 우리가 인생을 잘 살아가고 있는지 아닌지가 결정되어 진다는 것이다.

인문학 독서를 통해 통합적이고 다면적으로 세상을 보는 눈을 가지게 되면, 수많은 선택의 순간에 올바른 선택을 할 수 있게 된다. 즉 어떻게 살아갈 것인가에 대해 훨씬 더 나은 길을 선택하고 발견하고 심지어는 만들 수 있게 되는 것이다.

 이런 점에서 한 마디로 인문학 독서는 살아가는 힘이 되어 준다고 할 수 있는 것이다. 돈이나 빵이 우리로 하여금 살아갈 수 있는 힘이 되어 준다고 쉽게 생각할 수 있지만 그것보다 더 근본적이고 강력한 살아가는 힘은 인문학에서 나온다.

 인간은 무엇으로 사는가? 살아갈 수 있도록 해 주는 근원적인 힘은 무엇일까? 시련과 역경을 견디며, 허무와 부조리를 이겨내고, 슬픔과 아픔을 초월하며, 내일이 되면 새롭게 춤추며 웃으며 살아 낼 수 있는 힘은 과연 무엇일까? 모든 것을 빼앗긴다고 해도 어떤 아픔과 시련을 겪는다 해도 다시 살아갈 수 있는 강력한 힘의 원천은 무엇일까?

 그것은 자신과 세상과 삶을 성찰하고 자신이 왜 살

아가야 하는지에 대한 이유를 발견하게 해 주는 인문학의 힘이라고 할 수 있다. 삶의 이유를 가진 자와 삶의 가치를 깨달은 자는 어떤 고난에서도 살아낼 수 있는 힘을 가진 자이다. 인문학 독서는 그러한 삶의 이유와 가치를 발견할 수 있게 해 주는 것이다.

기적의 인문학 수업으로 알려진 클레멘트 코스는 가난에 빠져 있던 한 무리의 청년들에게 플라톤에 관해 토론하게 하고, 소크라테스와 만나 대화하게 함으로써 최하층 빈민들과 노숙자들이 자신을 성찰하게 했고, 삶의 의미와 가치를 깨닫게 해 주었다.

그들은 노숙자와 알코올 중독자, 범죄자에서 사회의 어엿한 구성원으로 탈바꿈되어 갔다. 즉 그들은 제대로 올바르게 그리고 인간답게 살아가는 힘을 인문학으로 기를 수 있게 되었다.

인문학 독서가 살아가는 힘이 되어 주는 이유는 여러 가지이다. 인문학 독서를 통해 우리가 읽는 것들은 고스란히 살아갈 힘이 되어 준다. 가령 문학 작품을 통해 얻은 감동과 환희, 비극과 사랑, 운명과 극복의 서사시 등에 대한 간접 경험은 고스란히 세상 풍파를 이겨내며 즐겁고 기쁘게 웃으며 살아갈 수 있게 해 준다.

프랑스의 18세기 계몽주의 철학자 볼테르의 [캉디드 혹은 낙관주의]를 읽게 되면, 주인공이 경험하게 되는 삶들을 고스란히 간접적으로 경험하며, 삶에 닥쳐오는 불행과 시련과 역경 들을 좀 더 잘 대처하며 극복하며 이겨나갈 힘과 정신을 얻게 된다.

그 작품의 마지막 부분을 감상해 보자.

" " 이러쿵저러쿵 따지지 말고 일합시다. 그것이 인생을 견딜만하게 해주는 유일한 방법이에요."

마르틴이 말했다. .... 팡글로스는 가끔 캉디드에게 말했다.

" 모든 사건들은 가능한 최선의 세상 안에서 서

로 연결되어 있다네. 왜냐하면 결국 만일 자네가 퀴네공드를 사랑했다는 이유로 엉덩이를 발로 차이고 아름다운 성에서 쫓겨나지 않았다면, 만일 자네가 종교 재판에 회부되지 않았다면, 만일 자네가 아메리카 대륙을 누비고 다니지 않았다면, 칼로 남작을 찌르지 않았다면, 엘도라도 낙원에서 끌고 온 양들을 잃어버리지 않았다면, 여기서 이렇게 설탕에 절인 레몬과 피스타치오 열매를 먹지 못했을 테니까 말이야."

"참으로 맞는 말씀입니다." 캉디드가 대답했다. "하지만 우리의 정원은 우리가 가꾸어야 합니다." " < <　206~207쪽, 볼테르, [캉디드 혹은 낙관주의] >

인문학 독서를 통해 우리는 삶을 살아내는 힘을 얻고, 삶을 견디어 낼 수 있고, 개척해 나갈 수 있게 된다.

인문학 독서 vs 일반서 독서

우리는 학교 선생님 혹은 대학교수를 만날 때와 친구를 만날 때 혹은 동료를 만날 때 자세와 태도, 마음가짐 등이 동일하지 않다는 것을 알고 있다. 그 이유는 무엇일까? 우리가 만나는 상대방의 성격 혹은 지위 등이 다르기 때문일 것이다.

혹은 똑같은 운동을 하더라도, 등산을 갈 때와 수영을 할 때, 스키를 탈 때와 건강달리기할 때 그 방법이 다 달라야 한다. 무조건 똑같은 방식으로 똑같은 복장으로 다양한 스포츠를 즐긴다는 것은 매우 어리석은 짓이다.

독서에도 이러한 원리는 그대로 적용이 된다. 실용서를 위주로 한 일반서 독서할 때와 인문학 독서를 할 때는 그 방법과 마음 자세가 달라야 한다.

일반서 독서할 때는 다양하게 폭 넓게 훑어보면서 필요한 것들을 뽑아내는 식으로 독서해야 한다. 하지만 인문학 독서를 할 때는 깊고 좁게 천천히 되씹

으면서 가능하면 전부를 다 뽑아내기 위해 몸통 전체를 다 먹지만, 한 번에 한 입씩 먹는 식으로 독서해야 한다.

 일반서 독서의 유형을 가장 잘 설명해 준 사람으로 저자인 스티븐 레빈을 필자는 들고 싶다. 그는 '속도'와 '효율'의 혁신적인 독서 기술에 대해 집필한 적이 있다. 그는 자신의 이 책을 통해 독서할 때는 무조건 처음부터 끝까지 읽을 때마다 천천히 읽어야 할 필요는 없다고 우리에게 조언해 준다. 그가 말하는 이러한 독서법은 일반서 독서에 적당한 독서법이다. 결코 인문학 독서법에는 어울리지 않는다. 그가 조언해 주는 독서법이 어떤 것인지 살펴보면 이렇다.

 " 다양한 책을 놓고 조금 빠른 속도로 읽어 나가다가 궁금하거나 호기심을 자극하는 내용이 있으면 속도를 줄이고 자세히 읽으면 된다. 처음 책을 집어 들었을 때는 그 책의 깊이가 얼마나 되는지, 넓이는 얼마이지, 농도와 밀도는 어떻게 되는지 알지 못한다. 따라서 한 군데 지나치게 오래 머물러 있는 것은 좋지 못하다. 금세 지쳐서 다른 책을 붙잡는 데 방해가 되기 때문이다. 그보다는 일단 처음부터 끝까지 휙 둘러보고 나서, 한 권 한 권 천천히 다시 음미해 보는 게 좋다. 그렇게 읽으면 다른 사람들이 간신히 한 권 집어 들고 독파하는 것보다 더 많이 읽으면서 필요한 것들을 더 많이 뽑아내게 된다."
< 스티브 레빈, [지식을 경영하는 전략적 책 읽기], 27쪽 >

결국 일반서의 독서법 주류는 '빨리 그리고 많이, 핵심만 읽는 것'이다. 일본의 평론가로 유명하고 [나는 이런 책을 읽어 왔다]의 저자이기도 한 다치바나 다카시 역시 처음에는 책 전체의 구조나 흐름을 파악하고 나서, 단락 단위로 속독을 하면서 핵심적인 내용들을 뽑아낸다.

영국의 정치가 디즈레일리는 '단 한 권의 책밖에 읽지 않은 사람을 경계하라!'고 말한 적이 있는데, 그가 말한 그 책은 인문학 서적이 아니라 일반서일 것이다. 물론 그가 그 말을 할 때는 모든 책을 의미했을 것이다. 하지만 필자는 생각이 다르다. 그의 말을 그가 한 말의 의도와 다르게 해석하고 싶은 것이다.

인문학 독서는 그의 그런 비난에 조금 덜 위협적이다. 왜냐하면 인문학 독서는 단 한 권의 책으로도 많은 것들을 얻을 수 있기 때문이다. 그런 점에서 인문학 독서법은 일반서 독서법과 다를 수밖에 없고, 달라야만 하는 것이다.

[천천히 읽기를 권함]이란 책의 저자인 야마무라 오사무는 읽는 방식은 곧 삶의 방식이며, 그것이 다르면 세계관이 다르고, 가치관도 달라질 수 있다고 조언하면서, 천천히 책을 읽는 것은 포도의 싱싱한 맛을 느끼기 위해서는 꼭 필요한 읽기 방식이라고 주장한다.

" 읽는 방식은 중요하다. 글을 쓰는 사람이 전력을 다해, 시간을 들여, 거기에 채워 넣은 풍경이나 울림을 꺼내보는 것은 바로 잘 익어서 껍질이 팽팽하게 긴장된 포도 한 알을 느긋하게 혀로 느껴보는 것과 같은 것이다.

바쁜 일상에서 천천히 책을 읽는 것은 의외로 어려운 일이다. 그러나 포도의 싱싱한 맛은 먹는 방법 하나에 달려 있다. 마찬가지로 읽는 방법 하나에 책 자체가 달라진다. 즐거움으로 변한다. " < 178쪽, 야마무라 오사무, [천천히 읽기를 권함] >

 필자는 조금 다르게 생각한다. 읽는 방식이 중요한 것이 아니라 그 책이 원하는 방식이 무엇인가를 파악하는 것이 중요하다고 생각한다.

 이 세상에 존재하는 모든 책을 천천히 읽어서도 안 되고, 반대로 빨리 읽어서도 안 된다. 그래서 우리가 책을 읽을 때는 가장 먼저 그 책이 원하는 책 읽기 방식을 간파하는 것이다. 그리고 나서 자신이 간파한 대로, 그 책을 대하는 것이다. 그것이 책에 대한 예의다.

 우리가 사람을 만날 때 그 사람의 지적 수준과 성격과 취향에 따라 대하는 방식과 대화의 내용과 질과 태도를 다르게 해야 하는 것처럼 책도 마찬가지이다. 이러한 기준과 생각으로 나누었을 때, 실용서,

자기계발서 등과 같은 일반서는 대부분 빨리 읽고, 핵심을 파악하고, 많이 읽는 것이 가장 중요하다는 것을 알게 되었다.

그래서 [책, 열권을 동시에 읽어라]의 저자인 나루케 마코토가 말한 '모든 책은 완독할 필요는 없다'라는 말에 동의하는 것이다. 일반서 독서는 빠르게, 넓게, 영리하게, 핵심만 읽는 독서법이다.

인문학 독서가 일반서 독서보다 한 단계 더 높은 차원의 독서라고 과감하게 말할 수 있는 이유는 인문학 독서를 통해 우리가 누리게 되는 혜택이나 유익함 혹은 영향력이 일반서의 몇십 배 혹은 몇백 배가 족히 되고도 남기 때문이다.

인문학 독서를 할 때는 빠르게 읽기보다는 느리게 읽어야 한다. 느리게 읽는다는 것은 속도에만 한정되어 있는 의미가 아니다. 진짜 느리게 읽는다는 것은 자기 자신과 작가에게 끊임없이 의문을 던지고 질문을 하고 대화를 끌어내면서 읽는다는 것이다.

이 책의 작가가 만들고자 하는 세계는 어떤 세계이지? 이 책의 작가는 무엇을 말하려고 하는 거지? 왜 이 책의 이 대목에서 이런 이야기가 나오는 거지? 이 내용보다 다른 내용으로 대체하는 것일 더 낫지 않을까? 이 부분에서 이 말은 우리에게 무엇을 깨닫게 해 주기 위한 것일까? 이 책의 작가가 묘사하는 전체적인 그림은 어떤 것이지? 와 같은 다양한 의문을 던지면서 읽는 것이 천천히, 느리게 읽는 것이다. 그리고 이 책에 나오는 사람들, 사물들의 입장이 되어 그 책 속으로 들어갔다가 다시 나왔다가 또다시 들어가기를 수백 번도 더 반복하고 되풀이하면서 읽는다는 것이 천천히, 느리게 읽는다는 것이다.

인문학 독서는 우물에서 물을 길어 오는 것과 같다. 우물에서 물을 길어서 한 모금만 마실 것인지, 끊임없이 길어 올릴 것인지 자신이 하기 나름이다. 일반서 독서는 그 책 속에 지혜나 지식이 한정된 한 통의 정수기로 제한된 정수기에서 물을 마시는 것과 같다. 한 통의 물을 다 마시면 더 이상 마실 물이 없다. 그래서 다른 책으로 빨리 옮겨 가야 하는 것이다.

인문학 독서는 하나의 우물에서 한없이 많은 양의 물을 길어 올릴 수 있는 것처럼 다른 책으로 빨리 옮겨 갈 필요가 없다. 오히려 천천히 두고두고 계속해서 인생에 대한 물음을 던지고 대답을 찾아가면서 삶의 근본적인 질문에 대한 목마름을 해소해 나가는 것이다.

 그래서 지식을 위한 독서와 인생을 위한 독서로 굳이 나누어야 한다면 나눌 수 있는 것이다.

인문학 독서는 우리의 성공을 이끈다.

" IQ가 160인 많은 사람이 IQ가 100도 안 되는 사람들을 위해 일한다. IQ가 160인 사람들은 대인관계 지능이 낮고 그들의 상사는 대인관계 지능이 높기 때문이다. 공감 능력이 없는 사람은 파트너 선택이건 직업에서건 인생에서 끊임없이 잘못된 선택을 한다."

하버드대학교 심리학과 교수인 하워드 가드너는 타인에게 공감하고 타인의 감정을 이해하고 그것에 맞게 행동하고 대처할 수 있는 대인관계 지능이 지능지수보다 더 중요하다고 말한다. 그는 미래를 성공으로 이끌 다섯 가지 마음 능력 중의 한 가지로 종합하는 마음, 창조하는 마음, 그리고 존중하는 마음을 제시한 적이 있다.

그가 중요시하는 대인관계 지능과 존중하는 마음 등은 모두 타인과의 관계에서 비롯되는 것이다. 그리고 타인과의 관계는 결국 타인의 마음을 이해할 수 있고, 공감할 수 있는 능력에서 비롯된다고 할 수 있다.

이제는 지능지수가 높은 사람이 아니라 감성 지능 즉 EQ가 높은 사람이 더 잘 성공할 수 있는 시대이다. 아이러니하게도 과학이 발달할수록, 기술이 좋아질수록 정작 그 기술과 과학을 토대로 만들어지는 제품을 사용하는 주체인 인간은 기계가 아닌 인간이 본능적으로 그리워지기 때문이다.

스티브 잡스의 아이폰이 열풍을 일으킨 것은 기술이 뛰어난 신제품이었기 때문이 아니라, 인간의 감성을 자극할 수 있는 디자인과 인간의 처지에서 만들어졌기에 사용 편리성의 극대화 때문이라고 할 수 있다.

애플에서 아이폰을 만들기 훨씬 전부터 스마트폰은 삼성과 노키아와 같은 기술력이 좋고 집약된 메이저 회사에서 만들어서 판매하고 있었지만, 여기서 만들어진 스마트폰은 기술이 아이폰보다 훨씬 더 뛰어났고, 훨씬 더 다양한 기능들이 많았음에도 인간의 감성을 자극할 수 있는 인문학적 요소가 빠져 있었다.

 인문학 독서를 통해 인문학적 소양과 감정이 충만한 사람들이 그렇지 못한 사람들보다 더 성공할 수 있는 것은 시대의 변화, 기술의 발달, 과학의 문명 때문이다.

 알베르트 아인슈타인이 '지식보다 상상력이 더 중요'하다고 말하고, '지성에는 강력한 힘이 있지만 인격이 결여되어 있기에 수상화하지 않도록 조심'해야 한다고 말한 것은 이와 같은 맥락에서 이해할 수 있다.

 지식, 기술, 과학 등은 충분히 강력한 요소들이지만, 그것에는 인간의 감성을 충족시켜 줄 수 있는 요소가 빠져 있다. 그래서 아인슈타인이 지식보다는 상상력이 더 중요하다고 말했다.

 <감성지능(Emotional Intelligence)>의 저자인 대니얼 골먼은 '높은 IQ가 성공을 보장하지 않는다'라고 말한다. 즉 IQ보다 감성지능인 EQ가 더

성공하는 데 있어서 중요하다. 그리고 인생을 살아가는 데도 물론 EQ가 더 중요하다고 할 수 있다.

그렇다면 감성지능은 구체적으로 어떤 것을 의미하는 것일까? 감성 지능에 관해 이 책에서는 다섯 가지 중요한 요소를 언급하고 있다. 첫 번째는 자신의 감성을 인식하는 것, 두 번째는 자신의 감성을 관리하는 것, 세 번째는 스스로 동기를 부여하는 것, 네 번째는 타인의 감성을 인식하는 것, 다섯 번째는 대인 관계를 잘 해결하는 것이다.

통합적으로 살펴보면, 감성지능은 한 마디로 자신의 감정을 잘 인식하고 그것을 잘 조절하고 표현할 수 있는 능력과 함께 타인의 감정에 대해 공감하고, 그것에 맞게 행동하고 대처해 나가면서 발생한 문제나 갈등을 잘 해결해 나갈 수 있는 능력이라고 말할 수 있을 것이다.

그렇다면 이러한 감성지능을 어떻게 키울 수 있을까? 지식을 주입하고, 어려운 수학 문제를 풀고, 자격증을 취득하고, 스펙을 쌓는 것으로 과연 가능할

까? 절대로 그렇지 않다.

상상력의 산물이라고 할 수 있는 인문학 독서만이 우리의 감성을 자극할 수 있고, 우리로 감정을 느끼고, 흥분하고 전율하고, 환희하고 슬퍼하고 분노하고 열광하고 상상하고 공감하고 대응하고 소리 지르고 춤추고 웃고 울게 만들 수 있다. 그런 점에서 감성 지능을 키워주고 강화해 줄 수 있는 것은 이 세상에 인문학 독서밖에 없다고 말해도 과언이 아닐 것이다.

인문학이 상상력의 산물이기에, 인문학을 읽으면 우리의 상상력이 향상될 수 있는 것이다. 인문학이 인간이 살아가면서 겪게 되고 만나게 되고 부딪히게 되는 모든 문제를 다루고 그것을 해결하고 극복하는 내용을 담고 있기에 인문학을 읽으면 인간에 대해, 타인에 대해 더 잘 공감할 수 있게 되고, 이해할 수 있게 된다. 그리고 그러한 공감과 이해는 어떻게 대응하고 대처해 나갈 것인지에 대한 해답과 힌트를 제공해 준다.

역사의 경우에는 더욱더 명확한 인간관계와 처세에 대해 이해할 수 있게 해 주면, 인간의 심리와 인간을 더욱더 정확하게 이해하고 깨달을 수 있게 해 준다. 역사를 통해 우리는 인간이 어떤 존재이며, 어떤 사회적 동물인지에 대해서도 분명하게 이해할 수 있게 해 준다.

철학도 이와 다르지 않다. 철학을 통해 인간은 무엇을 중요시 여기고, 무엇에 유혹을 받고, 무엇을 갈망하는지, 무엇 때문에 살아야 하고, 무엇 때문에 죽어야 하는지에 대해 알 수 있고, 무엇보다도 인간 그 자체가 과연 무엇인지? 에 대해 접근할 수 있게 된다.

결국 이러한 모든 것들은 자기 자신과 타인에 대해 더 잘 이해하고, 인식하고, 공감할 수 있게 해 준다.

인문학 독서를 하는 사람들이 그렇지 못한 사람들보다 더 성공하게 되는 것은 어쩌면 지금, 이 시대에 너무나 당연한지도 모른다.

수많은 기업이 면접에서 인문학적 소양을 갖춘 인재들을 선발하려고 노력하는 이유 역시 바로 이것이다. 인문학적 소양을 갖춘 사람들이 훨씬 더 직장 생활을 원만하게 잘할 뿐만 아니라 타인의 협력을 더 잘 끌어내 더 좋은 업무 성과를 창출하기 때문이다. 인문학적 소양을 갖춘 인재들은 IT 제품을 만들어도 인간의 감성과 인간 중심을 토대로 하여 만들게 되므로, 훨씬 더 경쟁력이 있는 제품이 만들어지게 된다.

인문학적 마인드와 소양을 갖춘 인재가 그렇지 못한 인재보다 훨씬 더 가치가 있고, 경쟁력이 있고, 필요한 인재이다.

<뉴욕타임스>는 CEO들의 성공 비결에 관해 이런 기사를 실은 적이 있다.

" 성공한 CEO들의 비결은 다름 아닌 서재에 있다."

제2장. 인문학은 삶을 풍요롭게 해 준다.

인문학은 삶을 풍요롭게 하는 최상의 방법이다.

" 얼마나 많은 책을 읽고 얼마나 많은 소세계의 주민이 되어 자신을 얼마나 많은 다세계 존재자로 만들었는가에 따라 그 사람의 소우주가 얼마나 풍요로운지 결정된다."

 일본의 평론가인 다치바나 다카시의 이 말은 인문학 독서를 비롯하여 모든 책들이 우리의 삶을 풍요롭게 해 주는 최고의 도구라는 사실에 대해 잘 말해 준다. 삶에 방황하며 인생의 쓴 잔에 상처와 아픔을 받은 얼마나 많은 이들이 독서를 통해 위안을 얻고, 삶의 길을 발견하게 되었던가?

 인문학 독서를 통해 삶의 큰 기쁨과 유익을 얻었음에 대해 가장 잘 표현된 문장 중의 하나는 미국의 위대한 사상가였던 조나단 에드워즈가 겨우 열세 살의 나이에, 인문학 독서를 통해 얻은 기쁨과 유익, 그리고 그 감동에 대한 표현이다. 이것은 그의 최초 전기 작가인 새뮤얼 홉킨스가 표현한 말이다.

" 대학교 2학년이던 열세 살 때, 그는 인간 이해에 관한 로크의 글을 읽고 큰 기쁨과 유익을 얻었다. 그는 비상한 천재성으로, 다른 말로 하면 타고난 능력으로, 그 사상을 정확하게 이해하고 깊이 꿰뚫더니 지금은 그것을 연습하고 완전히 깨닫기 시작했다. 종종 그리고 숨을 거두기 얼마 전까지만 해도 그는 그 책을 손에 들고는 몇몇 친구들에게 말하기를, 대학 시절에 읽었던 그 책을 통해 말할 수 없는 위로와 기쁨을 얻었으며, 그 책에 몰두하여 연구하면서 얻은 만족과 기쁨은 새로 발견한 금은보화를 손에 가득 들고 있는 욕심 많은 구두쇠의 기쁨보다 훨씬 크다고 말하곤 했다." < 조지 M 마스든, [조나단 에드워즈 평전], 103~104쪽>

인문학은 우리에게 말할 수 없는 기쁨과 위로를 줄 뿐만 아니라 놀라운 지혜를 제공하여 인생을 좀 더 잘 살아갈 수 있게 해 준다. 놀라운 지혜에 대해서 어떤 이들은 남들보다 경쟁에서 이기고, 남들보다 무엇인가를 더 잘할 수 있게 해주는 것들이 연관된 것으로 생각하는 경향이 강하다.

그것은 우리가 생존을 위해서 전쟁에서, 혹은 경쟁에서 이겨야 하는 그런 사회에서 살아왔기 때문이다. 즉 우리들이 경쟁 사회에서 태어나서 경쟁 속에서 교육받고 경쟁 속에서 살아가기 때문이다. 하지만 참된 지혜는 남들과의 경쟁에서 이기도록 해 주는 것이 아니다.

 참된 지혜는 자신의 삶을 좀 더 가치 있고, 풍요롭게 살아갈 수 있도록 이끌어 주는 그 무엇이다. 그래서 참된 지혜를 기르거나 쌓는 사람들은 삶을 풍요롭게 살아갈 수 있는 것이다.

 우리는 보통 삶을 풍요롭게 하기 위해서는 성공해야 하고, 돈을 많이 벌어야 한다고 생각한다. 그래서 그러한 것들이 우리가 부족함 없이 살아갈 수 있게 해 주어야만 인생이 풍요로운 것이 된다고 생각한다. 하지만 인생의 참된 풍요로움은 그런 것이 아니다.

 돈이 아무리 많고, 아무리 높은 지위에 올라가고, 엄청난 성공을 한다고 해도 그것이 삶의 풍요로움이라고 말할 수 없는 이유는 우리에게는 보이지 않는 더 중요하고 더 영향력이 큰 가치와 의미가 실존하고 있기 때문이다.

 그래서 삶의 의미와 가치를 많이 느끼고, 그것을 창출해 내고, 붙잡는 사람들이 돈이나 물질, 세상의 지위나 성공보다 더 크게 삶을 풍요롭게 만들어 내며 살아갈 수 있는 것이다. 그래서 돈이 많은 사람 중에서도 자살을 하는 사람들이 적지 않은 이유는 삶의 크나큰 결핍을 그들이 느꼈기 때문이다.

 " 내가 행복했던 날은 엿새도 되지 않는다."

 인생을 살면서 큰 성공을 했고, 높은 지위에 올라섰음에도 평생 행복한 날은 겨우 6일밖에 되지 않는다고 말한 나폴레옹은 삶이 풍요롭지 못했다. 그는 누구보다 더 큰 삶의 결핍을 느낀 사람일 것이다.

 반면에 누가 봐도, 풍족한 환경, 풍요로운 조건이 아니었던 헬렌 켈러 여사는 너무나 힘든 신체적 조건 속에서 평생 살았다. 두 눈이 보이지 않았고, 말도 할 수 없었다. 하지만 그녀의 삶은 누구보다 아름다웠고, 누구보다 풍요로웠다. 그 이유는 무엇일까? 바로 마음과 의식이 누구보다 풍요로웠고, 누구보다 아름다웠기 때문이다.

"난 너무나 아름다운 인생을 살았다. 내 인생에서 행복하지 않은 날은 하루도 없었다."

그녀의 말 속에서 우리는 인생의 진정한 행복과 아름다움이 무엇인지 가늠해 볼 수 있다. 바로 마음과 의식의 풍요로움이 우리의 행복과 인생을 좌우한다는 사실이다.

그런데 마음과 의식의 풍요로움은 절대로 돈이나 성공이나 지위로 채워질 수 없다. 그래서 인문학 독서가 이 세상에 존재하는 그 어떤 것들보다 더 삶을 풍요롭게 하는 것인 이유이다.

위대한 투자자들은 모두 인문학 독서광들이었

다.

"황무지에서 금맥을 캐내려면 돈의 흐름을 꿰뚫어 볼 수 있는 능력을 가져야 한다. 그러려면 무엇보다 먼저 철학, 역사, 지리를 공부해야 한다."

뉴욕 주식시장을 혼란의 도가니에 빠뜨린 '블랙먼데이' 사태와 같은 금융 시장의 상황을 정확히 예측하기로 유명한 세계 금융 시장의 구루 중의 한 명인 마크 파버Marc Faber의 이 말은 매우 충격적이다.

돈의 흐름과 철학, 역사와 같은 인문학이 어떤 관련이 있는 것일까?

그의 이러한 말을 접하기 전에도 우리들은 위대한 투자자들이 대부분 모두 인문학에 심취한 인문학 독서광들, 철학자들, 고전 문학가들이라는 점을 잘 알고 있다.

대표적인 인물이 워런 버핏일 것이다. 하지만 워런

버핏은 솔직히 위대한 인문학 독서광의 빙산 일각에 불과하다.

[전설로 떠나는 월가의 영웅]이란 책을 보면, 이러한 사실에 대해 알 수 있다. 이 책의 저자인 피터 린치는 월스트리트 역사상 가장 성공한 펀드매니저이자 '월가의 영웅'이란 찬사를 받는 인물이었다.

11살 때부터 골프장 캐디로 일하면서 학비를 벌어야 했던 불우한 아이는 월 스트리트의 전설이 될 정도로 위대한 투자자였다. 그런데 그가 성공한 비결은 뜻밖에도 인문학 독서였다. 그는 자신의 이 책에서 인문학 독서가 자신의 투자에 큰 도움을 주었다는 사실을 고백했다.

" 지금 그 당시를 돌이켜보니 역사나 철학을 공부하는 것이 통계학 따위를 공부하는 것보다 주식시장에 대비한 준비 과정으로 훨씬 나았음이 명백해진다. 주식투자는 과학이 아니라 예술이며, 모든 것을 정밀하게 수량화시키도록 훈련된 사람들은 상당한 불리함을 갖고 출발한다고 말할 수 있다." <

< 44쪽, 같은 책 >

" 논리학이 주식투자에 가장 도움이 되었다면 그것은 다만 월스트리트의 이상스러운 비논리를 내가 식별해 낼 수 있게끔 가르쳤기 때문이다. 사실상 월스트리트에서는 고대 희랍인들과 같은 사고방식이 통용된다." < 44쪽, 같은 책 >

그는 대학에 다닐 때 필수과목을 제외하고는, 역사학, 심리학, 정치학, 형이상학, 논리학, 종교학, 고대 희랍철학, 인지학 등과 같은 인문학 계열의 공부에 집중했다고 밝히기도 했다.

" 대학에서 나는 필수과목을 제외하곤 과학, 수학, 회계학 등 비즈니스에 보편적 준비 과정으로 지정된 것들을 피하고 역사학, 심리학, 정치학, 형이상학, 논리학, 종교학, 고대 희랍철학, 인지학 등의 인문계열 공부에 주로 관심을 쏟았다." < 43쪽, 같은 책>

인문학 독서광인 투자자들은 한두 명이 아니다. 그

것이 놀라울 뿐이다. 짐 로저스, 마크 파버, 벤저민 그레이엄, 존 템플턴, 피터 린치, 셸비 데이비스, 제시 리버모어 등이 인문학 독서광들이었다.

5달러로 시작해 1억 달러를 번 추세매매의 아버지라 불리는 '제시 리버모어'는 자신의 저서인 [주식 매매하는 법]을 통해 자신이 엄청난 독서광이었음을 고백한다. 그는 가난한 농부의 아들로 태어났다. 그리고 그 당시에는 살아가는 데 독서나 배우는 것, 학교에 다니는 것 등이 중요하지 않고, 필요하지 않다고 생각하는 것이 일반적이었다. 그래서 그의 아버지는 그가 13세가 되자 초등학교를 중퇴시키고, 자신을 도와 농사일을 하도록 했다.

가정 형편상, 그리고 가정의 분위기상 책이 몇 권밖에 되지 않았지만, 그는 책을 읽는 것을 유난히 좋아했고, 심지어는 게걸스러울 정도로 책을 읽었다.

" 초등학교를 퇴학한 그는 뉴잉글랜드의 척박한 토양을 일구며 농사일을 거들었지만, 허약했던 탓에 자리에 누워있는 시간이 많았으며 그동안 비록 몇 권에 지나지 않는 책이지만 반복적으로 탐독했던 것으로 알려져 있다. 그의 이러한 독서 습관은 평생 이어졌으며 게걸스러울 정도로 책을 읽었다고 한다." < 24쪽, 같은 책 >

그렇다면 그는 책을 읽었다고 해서 주식 투자를 저절로 잘하게 되었던 것일까? 아니다. 여기에는 몇 가지 특징이 있다. 그는 주식 시장의 본질에 대해 통찰했다. 그리고 그 주식시장이란 것이 결국 반복될 수밖에 없다는 사실에 대해 깨닫게 되었다.

그 이유는 인간의 본성이 잘 바뀌지 않기 때문이라는 것이다. 그래서 그는 심리학을 수강할 정도로 인간의 심리에 대해 배우기 위해 열심을 냈다. 그는 인간의 심리가 주가에 영향을 미친다고 생각했던 그 당시에 몇 명 안 되는 매우 드문 투자자였다.

" 그는 평생 자신을 배우고 있는 '학생'이라고 생각했고, 특히 인간의 감정(感情)에 관해 깊이 연구하고자 했다. 인간의 심리가 주가에 영향을 미친다고 생각했던 사람은 당시로써는 매우 드물었지만, 인간의 심리에 대해 배우기 위해 심리학을 수강할 정도로 열심이었다." < 65쪽, 같은 책 >

 그의 말대로라면, 인간의 감정을 잘 이해하기 위해서는 어떻게 해야 하는 것일까? 인간의 감정을 잘 이해하는 방법 중에 최고의 방법은 인간의 삶을 살펴보고, 인간의 심리를 연구하고, 인간의 역사를 이해하는 것이라고 할 수 있다.

 그런데 이것이 바로 한 마디로 '인문학'의 내용들이다. 주식 투자와 함께 위대한 경영자들과 정치가 중에 인문학 독서광들이 많은 이유는 경영과 정치가 모두 인간에 대한 것이기 때문이라고 할 수 있다.

 현대 경영학의 아버지인 피터 드러커는 ' 기업은 사람이다.'라고 말했듯이, 경영이란 결국 사람을 움직이는 학문이라고 할 수 있다. 물론 다양한 통계나 회계 등이 사용되고 있지만 본질은 사람이다.

그래서 사람을 잘 이해하고, 사람의 심리를 꿰뚫어 보고, 타인에 대해 공감을 잘하고, 잘 반응할 수 있는 그런 공감 지능이 높은 사람들이 훌륭한 경영자가 될 수 있고, 정치가가 될 수 있는 것이다.

위대한 인문학자들은 모두 인간의 심리를, 인간의 삶을, 인간의 역사를 누구보다 더 깊고 넓게 연구하고 통찰한 사람들이다. 그래서 우리가 인문학 독서를 하게 되면 인간의 생각과 삶과 역사를 알 수 있게 되고, 나아가 인간 그 자체를 이해할 수 있게 되는 것이다. 그리고 그러한 요소는 투자나 경영이나 정치에 직접적인 영향을 주게 되는 것이다.

그래서 위대한 투자자들은 물론이고 위대한 경영자들도 모두 인문학 독서광들일 수밖에 없는 것이다.

세계에서 가장 창조적인 경영자로 오랫동안 선정된 스티브 잡스가 인문학 독서광이었다는 것을 우리는 잘 알고 있다.

유럽 경영학계의 대부인 찰스 핸디와 미국의 현대 경영학의 창시자인 피터 드러커, 이 두 사람 모두 엄청난 독서광들임을 우리는 잘 알고 있다. 위대한 정치가이기도 했던 조선 시대 최고의 군주인 세종대왕과 정조대왕은 엄청난 독서광들이었다. 그들이 살았던 그 당시에 대부분의 책들은 인문학 서적이었다.

인문학 독서는 우리의 생각을 넓혀준다.

" 어떤 책이 좋은 책인지를 판단하는 기준은 그 책이 당신에게 얼마나 강한 펀치를 날리는가 하는 점이다."

프랑스의 소설가 구스타프 플로베르가 한 이 말은 책이라면 최소한 우리의 굳은 머리를 깨어 부수고 새로운 의식과 생각을 할 수 있게 해 주어야 한다는 사실을 우회적으로, 혹은 빗대어서 말하고 있다.

인문학 독서를 통해 우리는 우리의 편견을 깰 수 있고, 우리의 생각을 확장시켜 나갈 수 있고, 심지어는 새로운 생각의 토대를 마련할 수 있게 된다. 그리고 놀랍게도 우리에게 강한 펀치를 날릴 수 있는 책들은 대부분 인문학 도서다.

그래서 인문학 독서만큼 우리의 생각을 넓히고, 사유를 확장시켜 주는 방법은 이 세상에서 찾을 수가 없다. 여행을 가거나 새로운 경험을 하게 되닌 견문이 넓어지고 생각이 넓어질 수 있다. 하지만 위대한 작품과 위대한 인물, 위대한 역사적 사건들을 만나고 경험한 것만큼 넓어지지는 않는다.

인문학 독서를 한다는 것은 바로 이것이다. 위대한 인간들이 인류에게 남긴 위대한 작품을 만나는 것이며, 위대한 영웅을, 시간을 뛰어넘어 만나는 것이며, 위대한 사상과 만나는 것이며, 시간의 축을 거슬러 위대한 역사적 사건을 경험하는 것이 인문학 독서인 것이다.

그러한 독서는 우리의 생각 폭을 넓혀줄 수밖에 없고, 우리의 사유와 의식을 확장시켜 줄 수밖에 없다.

생각을 넓혀주기 때문에 인문학 독서와 책은 사람을 달라지게 한다. 인문학 독서와 좋은 책을 읽고 나면 더 이상 우리는 이전의 우리가 아니다. 생각이 달라지고, 눈빛이 달라지고, 마음속에 이전에는 없던 무언가 뿌듯한 것들이 창조되었기 때문이다.

무에서 유를 창조한다는 것 중에 가장 놀라운 것

이 인간의 생각인지도 모른다. 하지만 사람 대부분은 하루에 8만 가지 정도의 생각을 하면서 하루를 살아간다고 한다. 그런데 그러한 생각 중에 80% 이상의 생각들이 어제 했던 생각에 불과하다는 것이다.

다람쥐 쳇바퀴 도는 것을 보면 답답하고 측은한 마음이 든다. 하지만 알고 보면 우리 인간들이 자기 사고의 틀 속에서 벗어나지 못하고 계속 비슷한 수준의 생각을 반복하며 평생 사는 것인지도 모른다.

이런 점에서 인문학 독서는 그러한 사고의 틀에서 벗어나 그 틀을 좀 더 확장시켜 나갈 수 있게 해주는 것이라고 말할 수 있다. 그래서 인문학 독서를 하면 사람이 달라지고 인생이 달라지는 것이라고 할 수 있는 것이다.

인간의 생각은 무에서 유를 창조해 내는 것이라고 할 때, 어제 했던 사고의 틀을 벗어나지 못한 사람은 어제와 별반 다를 바 없는 인생만을 창조하며 살아가는 것이 된다. 하지만 사고를 유연하게 하는 사람, 사고의 틀을 조금 더 확장하게 시킨 사람은 그만큼 더 확장된 인생을 살아가게 되는 것이다.

 인문학 독서를 많이 하는 사람은 사고의 폭이 넓어진다. 사고의 폭이 넓어진 만큼 세상의 이치에 대해 깨닫게 되고 알게 된다. 그리고 알게 된 만큼 세상이 돌아가는 원리가 보이게 된다. 그리고 보이는 만큼 자신의 견해와 주장이 많아진다. 즉 보이는 만큼 책을 쓸 수 있게 되는 것이다.

 공부를 많이 한 학자들이 책을 많이 쓸 수 있는 것은 그만큼 공부를 통해 사고의 폭이 넓어졌기 때문이다. 사고의 폭이 넓어진 만큼 알게 되고, 아는 만큼 보이게 되고, 보이는 만큼 쓸 수 있게 되기 때문이다.

 사고의 폭이 좁은 사람은 단 한 권의 책도 쓸 수 없다. 그래서 책을 읽지 않은 사람들은 책을 쓰는 것이 힘든 이유가 바로 이것이다. 하지만 평범한 사람이라도 책을 수천 권 혹은 수만 권을 읽게 되면 사고의 폭이 읽은 만큼 향상되게 된다. 그래서 책을 많이 읽는 독서광들이 결국에는 책을 쓸 수 있는 작가가 되는 것은 어쩌면 매우 자연스러운 현상일 수밖에 없는 것이다.

이것은 물이 차면 저절로 흘러넘치게 되는 원리이다. 이것을 필자는 다른 책에서 '임계점의 법칙'이라고 명명했다. 물을 끓일 때도 90도, 91도…. 이렇게 서서히 올라가다가 결국 99도를 넘었을 때, 즉 100도가 되었을 때 비로소 물이 끓게 되는 것처럼, 어느 지점을 통과할 때, 즉 임계점을 통과하게 될 때 모든 것이 달라지는 경험을 하게 되는 것이다.

독서는 철저하게 이러한 임계점의 법칙이 적용된다. 필자의 다른 전작인 독서법에 관한 이야기를 다룬 책들을 보면 항상 나오는 말이 바로 임계점을 돌파하라는 이야기이다.

아무리 큰 노력을 해도, 아무리 많은 지식을 쌓아도, 아무리 많은 돈을 벌어도, 아무리 눈부신 성공을 해도, 아무리 높은 지위에 올라도 사람은 잘 바뀌지 않는다. 사람이 바뀐다는 것은 그 사람의 환경이나 조건이 달라졌다는 것도, 새로운 지식이나 경험이 더 많이 주입됐다는 것도 의미하지 않는다. 의식의 혁명적인 변화를 의미한다. 그런 점에서 진정한 혁명을 가져다줄 수 있는 것은 이 지상에서는 독서뿐이다.

 어떤 이는 독서를 통해 자기 발전을 이뤄 행복하고 성공적인 삶을 살지만, 어떤 이는 독서를 아무리 해도 혁명 같은 변화가 일어나지 않아서 어제와 다를 바 없는 삶을 살기도 한다. 그 차이는 한마디로 독서의 임계점을 통과하지 못했기 때문이다. 임계점은 눈에 보이지 않고 코로 냄새 맡을 수 없고 귀로 들을 수도 없다. 그래서 수많은 사람이 독서의 임계점을 넘지 못하게 되는 것이다.

 책을 한 권 읽은 사람은 두 권 읽은 사람보다 더 적게 보고, 더 적게 사고하게 된다. 콩 심은 데 콩이 나고, 팥 심은 데 팥 나는 것처럼 책을 많이 읽으면 책을 쓸 수 있게 되고, 운동을 많이 하면 운동선수가 될 수 있고, 노래를 많이 하면 가수가 될 수 있는 것이다.

　인문학 독서는 생각의 폭을 넓혀주기 때문에 하드웨어인 사람은 변하지 않지만, 소프트웨어인 인간의 사고가 변하게 된다. 소프트웨어가 변하면 그 사람 자체가 달라진 것이라고 할 수 있다. 외모는 성형수술을 통해 바꿀 수 있지만 내면은 독서를 통해서만 가능한 것이다.

인문학 독서를 해야 하는 이유!

" 세계적인 명성을 얻고 있는 석학 중에는 역사나 철학(인문학)을 외면하고 자신의 연구 분야에만 매달리는 사람들은 별로 없다."

미네소타 대학 의대 교수이자 한국과학기술원 외부 협력 교수인 김대식 교수가 쓴 책 [공부 혁명]이란 책에서 그가 한 말이다. 이 말은 우리가 왜 인문학 독서를 해야 하는지에 대한 이유를 분명하게 말해 준다.

우리가 어떤 분야의 일을 하더라도 인문학 독서는 모든 분야의 뿌리가 되고, 토대가 되어 준다는 것이다. 나무가 잘 자라기 위해서는 반드시 뿌리가 땅속에 깊게 뻗어있어야 하고, 토양이 좋은 영양분을 많이 가지고 있어야 한다.

인문학 독서는 바로 이러한 역할을 한다. 우리가 각자 다른 분야에서 큰 성과를 거둔다는 것은 결국 우리가 맺는 열매의 모양이나 이름이 다를 뿐, 모든 나무가 열매를 맺을 수 있게 해 주는 근본은 뿌리와 토양의 풍성함에 있다.

 인문학 독서는 바로 그러한 역할을 해 준다. 그래서 천재 음악가들이나 천재 과학자들은 대부분 인문학 독서를 지나치게 많이 하는 사람들이라는 공통점이 있는 것이다. 대표적인 사례가 20세기의 천재 과학자 아인슈타인이다.

 그가 인문학 독서를 하지 않았다면 그는 오히려 위대한 과학자가 될 수 없었을 것이라고 감히 말해도 무리가 아닐 정도로 그는 인문학 독서를 통해 성공한 사례 중의 한 명이다.

 '나는 맥주 대신 칸트의 [순수이성비판]에 취하겠다.' <아서 I 밀러, [아인슈타인, 피카소], 319쪽 >

 그가 열네 살에 칸트를 만나서 인문학 독서에 몰두하게 되었고, 열일곱 살에는 이런 맹세까지 할 정도로 우리가 잘 아는 위대한 과학자 아인슈타인이 사실은 인문학 독서광이라는 사실을 우리는 알아야 한다.

 사실 그는 우리가 알고 있듯이, 학창 시절 때는 엄청난 둔재였다. 한 마디로 그는 학교를 잘 다니지 못할 정도로 지진아에 속하는 학생이었고, 심지어 퇴학도 당한 적이 있다. 대학 입학시험에는 주위의 기대에 부응하여, 당연히 떨어졌고, 여러 번 시도 후에 겨우 대학에 들어갔지만, 형편없는 학점과 졸업 논문이 그의 이력이 되었고, 생계를 위해 여러 일자리를 전전해야 하는 그런 인물이었다.

 하지만 그는 칸트, 아리스토텔레스의 책들을 읽고, 토론하며 인문학 독서에 빠져서 십대와 이십 대를 보냈다. 그러고 나서 그는 위대한 과학자로 탈바꿈하게 되었다. 물론 그가 위대한 과학자가 되는 데 인문학 독서가 100% 이바지했다고 말할 수는 없지만, 만약에 그가 인문학 독서를 이렇게 까지 열심히 하지 않았다면 그는 지금 우리가 알고 있는 그런 위대한 과학자가 아닐 것이라는 사실은 확실할 것이라고 확신한다.

그렇다면 왜 인문학 독서를 하면 이렇게 상상도 하지 못하는 큰 영향을 받고, 위대한 인물로 도약을 할 수 있는 것일까? 설사 이렇게 까지 도약을 하지는 않더라도, 다양한 분야에서 최고가 되기 위해서 인문학 독서는 토양과 뿌리가 되어 주는 것일까?

그것은 인문학 독서가 가지고 있는 몇 가지 공통점에 그 이유가 있다. 그것이 또한 인문학 독서를 우리가 해야 하는, 어떻게 보면 성공하고, 대가가 되고, 최고가 되기 위한 것들보다 더 근본적인 이유라고 할 수 있다.

보자. 자본주의가 인문학에서 나왔기 때문에, 돈의 흐름을 잘 파악해서 돈을 많이 벌기 위해서거나, 자신의 분야에서 최고가 되기 위해서 인문학 독서를 해야 한다고 주장하는 사람들도 있다. 하지만 그것은 껍데기만 본 것이고, 결과나 부산물만 본 것에 불과하다.

인문학 독서는 인간을 인간답게 만들고, 지혜롭게 만들고, 최상의 삶을 살아갈 수 있게 만들고, 강하게 만들고, 중용의 많은 덕들을 갖추게 만들고, 더 나은 이상적인 사회를 함께 만들어 갈 수 있게 만든다. 그런 점에서 우리는 인문학 독서를 해야 하는 근본적인 이유, 본질적인 이유를 알 필요가 있다.

인문학 독서를 해야 하는 근본적인 이유는 또한 너무나 많다. 그중에서 여러 학자가 제시하고 있는 얘기들을 살펴보고, 다양한 생각들을 종합해 보면 몇 가지 큰 줄기, 즉 공통점이 있다.

첫 번째 공통점은 인생을 주도적으로 살고, 주인이 되어 살아가기 위해 지기 지신만의 사유 체계가 필요한데, 그것을 확보하기 위해서 인문학적 독서가 필요하다고 말하는 점이다.

독자적인 사유 체계는 경영서나 실용서, 교과서를 통해 절대로 확립할 수 없다. 인문학적 마인드가 담겨 있는 인문학적 독서를 통해서 자신만의 독자적인 사유 체계를 만들어 나갈 수 있다.

우리가 독자적인 생각을 해야 하는 이유는 우리

만의 생각을 하지 않을 경우, 우리는 타인의 인생과 비슷한 인생을 살아갈 수 있기 때문이다. '생각한 대로 살지 않으면 사는 대로 생각하게 될 것'이라는 폴 발레리의 시구는 이런 점에서 매우 의미심장한 말이 아닐 수 없다. 하지만 이것보다 더 의미심장한 말이 있다.

'독자적인 생각을 하지 않고 사는 사람은 자신의 인생을 살아 내지 못한다.'

바로 이것이 우리가 인문학적 독서를 해야 하는 이유이다. 자기 삶의 주인이 되어 살아가는 삶은 사실상 돈을 많이 벌고, 성공하고, 대가가 되는 것보다 더 중요하고 본질적인 요소라는 것을 생각해 볼 때, 인문학 독서의 근본적인 이유라고 생각하는 이유가 바로 이것이다.

두 번째 공통점은 인간은 불완전한 존재이고 유한한 존재라는 점에서 동일한 감정과 감성을 공유하는 존재인데, 그러한 동일한 감성과 감성을 공유하기 위해서 인문학적 독서가 필요하다는 것이다. 이것은 우리가 사회적 동물로서 함께 잘 살아가기 위해, 즉 아리스토텔레스가 말한 개인 차원인 도덕이 아니라 사회적 차원인 윤리학이 연관 된 이유라고 말할 수 있다.

" 왜 고전을 읽어야 하느냐, 오늘날 기술은 과거와 비교하면 엄청나게 발달했고, 사회관계도 현대화하였고, 복잡해졌고, 자본화하였습니다. 그렇다면, 기술 환경이나 사회관계가 완전히 달라진 지금 시점에서 왜 옛날 책을 읽어야 하는가?" 이 질문에 대한 중요한 답변이 있습니다.

아무리 사회가 달라져도, 인간에게는 바뀌지 않는 경험의 조건들이 있습니다.

예를 들어 인간은 언제 어디서 살든 유한성의 경험을 피할 수 없습니다. 인간은 죽는 존재입니다. 한계가 많습니다. 무한히 살 수도 없고, 능력이 무한할 수도 없습니다.

길가메시 서사시는 대략 4,500년 전에 씌어졌습니

다. 그 서사시의 주제 가운데 하나가 인간은 왜 죽는가, 영원히 살길은 없는가 하는 겁니다. 길가메시왕은 죽어서 바닥에 쓰러져 있는 친구 앞에서 눈물을 흘리고 탄식하며 묻습니다. 오, 친구여, 나도 너처럼 죽어서 영원히 일어설 수 없단 말인가…. 이러한 유한성의 경험은 시대를 초월합니다.

 또한, 인간에게는 좌절과 고통의 경험이 있습니다…. 셰익스피어는 400여 년 전에 태어난 시인이잖아요. 그런데 [로미오와 줄리엣]을 보면 요즘 텔레비전 연속극의 주제 그대로입니다. 원하지 않는 남자와 결혼하게 될 줄리엣은 엄마한테 하소연하는 대목에서 하늘에 대고 절규합니다. '저 구름 위에는 지금 내 슬픔의 바닥을 들여다봐 줄 아무런 동정의 눈길도 없단 말인가….'…. 이런 좌절과 고통의 경험은 수천 년 전이나 지금이나 우리가 벗어날 수 없는 조건입니다.

 또 있습니다. 양심의 경험이라는 게 있습니다. 뭔가 잘못해 놓고 벌벌 떠는 경험 있잖아요. 그리고 고민합니다. '이렇게 하는 것이 옳은 것일까, 저렇게 하는 것이 옳은 걸까….' 이처럼 양심의 경험을 하게 하는 삶의 조건도 예나 지금이나 다름없습니다.

 고전은 인간의 경험이 종속되었던 이런 근본적인 조건들에 대한 인간의 반응을 기록해 놓았습니다. 그런 반응은 시대에 속박되지 않아요. 시간적 거리와 상관없이 여전히 우리 가슴을 칩니다." < 311~314쪽, [인문학 콘서트], (왜 책이어야 하는가? 도정일.) >

 우리가 살아가면서 겪게 되는 경험은 제한적이지만, 인문학 독서를 통해 얻게 되는 더욱더 폭넓은 타인들의 경험을 통해 우리는 타인을 이해하고, 공감하고, 사랑할 수 있게 된다. 타인에 대한 공감은 더욱더 나은 사회를 만들어가고, 살아가기 위해서 무엇보다 중요한 것이라고 할 수 있다.

 혼자 돈을 많이 벌고, 성공해서 대가가 되는 것이 겨우 인문학 독서를 해야 하는 알량한 이유라면 나는 인문학 독서를 하지 않을 것이다. 인문학 독서를 해야 하는 이유는 자기 자신을 위해서 뿐만이 아니라 보단 나은 사회와 국가를 건립하는 방법이 무엇인지, 왜 해야 하는지, 무엇이 옳은 일인지, 어떤 선택이 너와 나, 우리를 위해서 가장 최선인지 등과 같은 의문을 던지게 하고, 스스로 해답을 찾을 수 있게 해주기 때문이다.

 이러한 근본적인 질문에 대한 성찰과 사색을 할 수 있게 다양한 기회를 제공해 주는 것이 바로 인문학 독서인 것이다.

 세 번째 공통점은 우리가 살아가는 이 세상과 사회를 꿰뚫어 볼 수 있는 통찰력은 우리가 무엇을 하며 살든, 혹은 아무것도 하지 않으며 살더라도 좀 더 나은 가치와 의미를 부여하기 위해서, 필요한데, 이러한 통찰력을 길러 주는 것이 바로 인문학 독서라는 점이다.

 신문과 뉴스를 하루도 빠지지 않고 하루에 30분에서 한 시간 정도를 대부분의 사람늘이 읽고 보고 시청한다. 하루에 30분은 아마도 최소의 시간일 것이다. 어떤 사람들은 아침부터 뉴스와 신문을 보고, 낮에도 보고, 저녁에도 본다. 하루 평균 몇 시간은 충분히 넘는 시간일 것이다. 그런데 40대 혹은 50대의 사람들이 하루도 빠지지 않고 몇 시간씩 신문과 뉴스를 보면서 세상 돌아가는 현상과 시대의 변화를 읽고 또 읽는다.

문제는 이렇게 몇십 년 동안, 어떤 사람들은 평생을 신문과 뉴스를 보고 또 보지만 세상이 돌아가는 이치와 사회 현상의 본질을 꿰뚫어 볼 수 있는 통찰력은 부재하다는 것이다. 그 이유가 무엇일까? 그것은 바로 신문과 뉴스는 세상사의 본질에 대한 보도가 아니라 피상적인 현상과 결과에 대한 보도에 그치기 때문이다.

무엇보다 신문과 뉴스를 본 사람들은 그 내용을 토대로 하여 사유의 세계로 빠져들지 않는다. 그냥 듣고 지식이나 정보로 기억할 뿐 세상의 이치에 대해 통찰해 보려고 하지 않는다. 하지만 인문학 독서를 꾸준히 해 온 사람들은 사회와 세상에 대해 본질을 꿰뚫어 볼 수 있고, 통찰할 수 있는 힘이 있다.

실용서는 지식과 정보를 주지만, 인문학 도서는 이 세상에 없는 지식과 정보, 지혜를 스스로 만들어 낼 수 있는 방법을 제공해 준다. 신문과 뉴스는 세상이 돌아가는 피상적인 모습만을 보여 주지만, 인문학 도서는 세상이 돌아가는 원리와 알맹이를 보여 준다. 그래서 실용서와 같은 일반 도서들은 지금 당장 필요한 것들이지만, 인문학 도서는 평생 필요한 책들이다.

실용서는 작가들이 고기를 잡아서 고기를 전달해 주지만, 인문학 도서는 작가들이 절대로 고기를 전달해 주지 않는다. 다만 고기를 평생 잡을 수 있는 방법을 알려 준다. 신문과 뉴스는 눈에 보이는 세상사를 알려 주지만, 인문학 도서는 눈에 보이지 않는 세상사를 알려 준다.

쿠바 태생의 이탈리아 소설가 이탈로 칼비노는 자신의 에세이집 [왜 고전을 읽는가] 라는 책을 통해 고전에 대한 여러 가지 정의를 말한 적이 있다. 그가 말한 정의 중에 아주 마음에 드는 것들은 이런 것들이 있다.

"고전이란 고대 전통 사회의 부적처럼 우주 전체를 드러내는 모든 책에 붙이는 이름이다."

"고전이란 우리와 무관하게 존재할 수 없으며, 그 작품과 맺는 관계 안에서, 마침내는 그 작품과 대결하는 관계 안에서 우리가 자신을 스스로 규정할 수 있도록 도와주는 책이다."

그의 표현을 토대로 하여 우리가 인문학 독서를 해야 하는 추가적인 이유를 살펴보면, 첫째는 우주 전체를 드러내는 책을 통해 우주와 세상을 잘 보기 위해서이고, 둘째는 작품을 통해 우리가 자신을 스스로 규정할 수 있게 되기 위해서이다.

인문학을 구성하는 세 가지 기둥!

" 인문학을 대표하는 문학 역사 철학 등은 앎의 대상이 물리적 혹은 물리적 현상으로 보여진 현상이 아니라 기호 혹은 기호적으로 보여진 현상이라는 점에서 동일하다. 학문으로서의 문학의 대상은 문자적 기호로서의 문학작품이고, 역사학의 대상은 문자적 기호로서의 역사적 기록 혹은 기호로 볼 수 있는 역사적 유물 유적이다. 또한 철학의 대상은 문자적 기호로서의 철학 텍스트 혹은 기호로 볼 수 있는 철학적 사유 활동이다. 기호는 해석의 대상이며 해석은 언제나 의미의 해석이다. 그러므로 기호를 앎의 대상으로 하는 인문학은 지각할 수 있는 기호 안에서 비지각적인 의미를 찾아내고 해석을 해석하는 학문, 즉 일종의 기호학이다."

< 20쪽, [통합의 인문학], 박이문 >

인문학을 구성하는 세 가지 기둥은 너무나 잘 알려진 대로 문학, 사학, 철학이다. 이것을 한 마디로 줄여서 '문. 사. 철'이라고 간편하게 부르기도 한다.

 문학은 체험을 바탕으로 상상력이 만들어낸 허구 虛構라고 한다면, 사학은 인류의 장구한 삶의 기록이다. 그래서 사실을 바탕으로 주관적인 해석과 서술이 가미된 진실 眞實에 대한 학문이다. 그리고 철학은 사유를 바탕으로 인간과 세상에 대해 근본적이고 의미 있는 질문들을 던지고 그 답을 찾아가는 탐구 探究에 대한 학문이다.

 인문학은 허구와 진실과 탐구로 대변되는 문학과 역사와 철학으로 대변된다. 그리고 이 세 가지는 모두 상상력의 산물이라는 공통점을 가지고 있다. 상상력이 부재한 인간은 그 어떤 문학 작품도 만들어 내지 못하고, 그 어떤 역사관과 가지고 있지 못 해서 제대로 된 역사서를 집필할 수 없고, 그 어떤 것도 상상하지 못하는 사람은 그 어떤 질문도, 해답도 생각해 내지 못하기 때문에 철학 할 수 없게 된다.

문학은 작가의 상상력에서, 역사는 인류의 삶에서, 철학은 철학자의 사유에서 비롯되지만, 그 세 가지 모두 언어라는 동일한 기호 혹은 텍스트를 통해 보이지 않는 의미를 공유하고, 찾아내고, 해석하는 것이며, 그런 점에서 기호학이라고 할 수 있다.

문학 작품을 통해 인간과 사회와 세계에 대해 우리는 더 많이 알아갈 수 있고, 해석할 수 있다. 그리고 더 많은 것을 경험하고 생각하고 느낄 수 있게 된다. 결국 우리의 시야를 넓혀 주는 것이다.

역사를 통해 우리는 시간의 축을 기준으로 인류의 변화를 살펴볼 수 있고, 그러한 변화를 통해 인간의 의식과 삶의 의미와 인생에 대해 배우고 발견하고 탐구할 수 있게 된다. 결국 우리의 삶을 더 풍성하게 가꿀 수 있게 되는 것이다.

철학을 통해 우리는 인간의 가장 근본적인 질문에 접근할 수 있게 되고, 그것은 가장 심도 있는 동시에 투명히고 포괄적인 동시에 체계적인 인간 정신의 정수를 맛볼 수 있게 된다. 결국 우리는 사유와 의식과 인식이 한 단계 혹은 두 단계 더 확장되고 높아지게 되는 것이다.

이 세 가지 기둥을 통해 인간은 인간으로 사는 삶이 어떤 것인지를 깨우치게 되고, 삶을 풍성하게 그리고 올바르게 그리고 현명하게 살아갈 수 있게 된다. 그런 점에서 이 세 가지 기둥은 인간을 인간답게 만들어 주는 토대와 밑거름이라고 할 수 있다.

인문학이 처음부터 문학, 사학, 철학의 세 가지 기둥으로 구성되어 있었던 것은 아니다. 기원전 4세기경 그리스에서는 사람을 사람 되게 하는 학문이라 하여, 문법, 수사학, 변증론과 산수, 기하, 음악, 천문학 등이 모두 인문학에 포함되어 있었다. 이때는 이것을 인문학이라고 하지 않았고, 교양학과(Liberal arts, 敎養學科)라고 불렀고, 이 당시에는 전인교육을 위한 필수적인 과목이었다.

19세기가 되어 과학이 발전하고, 산업이 발전하면서 그전에는 존재하지 않았던 새로운 학문이 쏙쏙 생겨나고 세분화되기 시작했다. 그 과정에서 과학은 눈부신 발전을 했고, 세상은 몰라볼 정도로 복잡해졌고, 발전해 나갔다.

그런 과정에서 사람들은 과학이 진정한 학문이며, 인문학은 공허한 말만 늘어놓는 비실용적인 학문이라고 하는 생각을 하게 되었고, 과학이 아닌 것은 학문이 아니라는 인식까지 가게 되었다. 그렇게 되다 보니, 인문학에 속해 있던 사회학이나 심리학, 정치학 등과 같은 학문이 자기 학문의 생존과 명예를 위해 들고 일어나게 되었다.

'우리는 통계와 조사와 같은 과학적 방법을 사용하는 떳떳한 학문이다.'

결국 이러한 학문은 사회과학이라는 이름으로 불명예스러운 인문학에서 벗어나는 데 성공했다. 그래서 결국 인문학으로 끝까지 남겨지게 된 것이 문학, 사학, 철학이었다.

분명한 사실은 인문학은 과학이 아니라는 것이다. 조금이라도 과학과 연관이 된 학문은 무조건 과학이란 이름으로 인문학에서 탈출을 시도한다는 것이다. 사회 과학, 자연 과학이 모두 그러한 예인 것이다.

하지만 그렇다고 인문학과 비인문학을 완전히 배제해서 생각해야 할 필요는 없다. 특히 창조적인 분야는 말할 것도 없지만 그러한 분야가 아닌 일반적인 모든 분야에서도 인문학과 비인문학을 이분법으로 나누는 것은 바람직하지 못하다.

오히려 인문학과 과학이 만났을 때 더 놀라운 결과가 창출될 수 있다는 것을 보여준 사람이 스티브 잡스라는 사실을 우리는 잘 알고 있다. 애플의 아이폰이 인류에게 스마트폰 혁명을 가져다준 혁신적인 스마트폰으로 영원히 기억되는 이유는 IT라는 첨단 과학에 인문학이 녹아 들어가 있기 때문이다.

인문학 독서는 쌍방향 통행이어야 한다.

로마의 정치사상가인 키케로의 표현에 따르자면, 인문학은 '인간에 관한 연구(studia humanitas)' 학이다. 인문학의 본질은 인간에 관한 연구를 통해 인간과 인간이 사는 사회를 보다 더 풍요롭고 다채롭게 해 주는 것이다.

인문학이 없었다면, 우리는 저녁에 TV 앞에 앉아서 드라마를 보는 달콤한 시간마저 사라져 버린 삭막한 세상에서 살아야 하며, 그 어떤 오페라나 연극도, 영화도 존재하지 않는 무미건조한 세상에서 살아야 했을 것이다.

그런 점에서 인문학은 과학보다도 더 인간적인 것이며, 인간에 관한 것이며, 인간을 위한 것이다. 그런 점에서 인문학의 본질은 인간학이라고 말할 수 있는 것이다. 왜냐하면 인문학은 인간의 언어, 문학, 예술, 철학, 역사 따위를 연구하는 학문이다. 그런데 인간의 언어, 문학, 예술, 철학, 역사의 토대가 되는 것이 바로 인간, 그 자체이기 때문이다.

이러한 것들의 주체가 또한 인간이기 때문에 인간의 본질에 대한 학문인 인간학이 인문학의 근원적인 성격을 가지고 있다고 말해도 된다는 것이다.

바로 이런 이유에서 인문학 독서를 통해 인간의 본질을 알게 되고, 수많은 인간의 삶을 접할 수 있게 되고, 수많은 현인의 생각을 읽게 된다. 그러한 경험과 지적 흡수와 깨달음은 인간 자신을 이해하고 해방하는 데 큰 도움을 줄 수 있는 것이다.

세상에는 수많은 사람이 살고 있고, 과거에는 살았었고, 미래에는 살 것이다. 그리고 그 많은 사람의 산 흔적만큼 이 땅에는 많은 책들이 존재한다. 하지만 완벽한 삶을 살았던 사람이 과연 있을까? 그리고 과연 완벽한 책이란 것이 있을까?

여기서 좀 더 나가면, 과연 지성인이란 것이 있을까? 과연 진정한 철학자란 것이 있었을까? 무엇이 진정한 철학이었을까? 지금, 이 시대에는 철학자다운 철학자가 없는 듯 보인다. 내가 살고 있는 이 시대라는 이유만으로도 나와 관련된 모든 것들은 한 단계 가치가 하락해 보이는 것은 어쩔 수 없는 일인 듯하다.

 우리가 위대한 철학자들이라고 여기는 그런 사람들조차 그들의 삶을 바로 옆에서 지켜볼 수 있게 된다면, '도대체 이 사람이 어떻게 해서 그렇게도 위대한 철학자라고 평가를 받을 수 있었던 것일까?'라는 의구심과 실망을 하게 될 뿐이라는 사실에 대해 생각하지 않을 수 없다.

 남의 떡이 더 커 보이듯, 우리가 만날 수 없는 사람들이 더 위대해 보이고, 그렇게 묘사되는 것은 어쩌면 당연한 일인 듯하다. 하지만 그때나 지금이나 뭔가를 제대로 알고 있는 사람들이 과연 몇 명이나 될까?

 제대로 된 지성은 지식이나 학식을 갖추고 있다고 가능한 것이 아니다. 제대로 된 지성은 스스로 남들이 깨닫지 못한 것들을 깨닫는 순간에 인간의 이성이 만나게 되는 해방감일 것이다.

우리는 누구이며, 왜 살아가야 하는지, 우리는 무엇을 알고 있는지, 이러한 근본적인 질문에 정확하게 대답해 줄 수 있는 사람은 과거에도 없었고, 지금도 없었을 것이고, 미래에도 없을 것이다. 하지만 인문학 독서를 통해 우리는 우리 자신을 옭아매고 있는 이러한 근본적인 질문에서 벗어날 수 있게 된다. 그런 점에서 인문학 독서는 우리에게 내적 해방을 경험하게 해 준다.

우리가 경험하게 되는 내적 해방을 E.F. 슈마허는 특별한 경험을 통해 경험하게 되었다고 자신의 저서인 [당혹한 이들을 위한 안내서(A Guide for the perplexed)]이란 책에서 밝힌 적이 있다. 그가 경험한 그 체험의 순서가 우리가 인문학 도서를 읽으면서 던지게 되는 질문과 독서를 통해 얻게 되는 애매모호한 내용과 그 과정을 통해 깨닫게 되는 경험과 매우 비슷하다는 사실을 우리는 알게 된다.

" 교장 선생이 직접 강의하는 그리스어 신약 성서

일요 학습 시간이었다. 나는 더듬거리는 말버릇을 무릅쓰고 그 우화가 시사하는 뜻이 무엇이냐는 질문을 던졌다. 교장 선생의 애매모호한 답변을 듣고 나는 비로소 어떤 것을 순간적으로 깨닫는 경험을 했다.

즉 나는 갑자기 사람들이 '아무것도 모르고 있다.'라는 사실을 깨달았던 것이다. .... 그리고 그 순간부터 나는 자신을 위해 생각하기 시작했다. 아니, 그보다도 오히려 생각할 수 있다는 사실을 깨달았던 것이다. .... 그가 아무것도 모르고 있다는 사실 - 참으로 중요한 것은 아무것도 모른다는 사실을 알게 됨으로써 나는 어떤 내적 계시를 느끼는 듯하였다. - 은 나에게 처음으로 외적인 생활 압력으로부터 내적 해방을 경험하게 했다."

우리는 인문학 독서를 통해 슈마허가 교장 선생님의 강의를 듣다가 그에게 질문을 던진 것처럼 책을 읽다가 의문을 품게 되고, 그 책에 질문을 던지게 된다. 그 결과 교장 선생님이 슈마허에게 해 준 그 애매모호한 답변과 정확히 똑같은 성납이 아닌 납변을 읽게 된다. 그리고 그런 과정이 반복되면서 우리는 새로운 사실을 깨닫게 된다.

그런 과정들이 바로 인문학 독서를 통해 스스로 각성하며, 자기 자신을 내적 해방의 세계로 이끌어 가는 과정들인 것이다. 인생을 살다 보면 우리들은 모두 당혹하게 될 때가 너무나 많다. 우리가 왜 살아가고 있는지? 무엇을 위해 살아야 하는지? 지금 내가 가고 있는 이 길은 올바른 길인지? 지금 내가 하는 이 행동과 선택은 올바른 길인지? 도대체 무엇이 잘 살아가고 있는 것인지?

꼬리에 꼬리를 무는 의문을 품게 한다. 바로 이때 우리에게 내적 해방을 줄 수 있는 경험을 할 수 있는 유일한 행위는 슈마허가 그렇게 했듯이 교장 선생님에게 질문을 던지는 것이다. 질문을 던지기 위해서는 먼저 그 강의를 들어야 한다. 우리에게는 인문학 도서를 읽는 행위가 바로 교장 선생님에게 강의를 듣는 행위이면서 동시에 질문을 던지는 행위이다.

그런 점에서 올바른 인문학, 책 읽기는 일방통행이

아니라 쌍방향 통행이어야 한다.

" 인간은 자유롭게 태어났다. 그런데 곳곳에서 속박당하고 있다. 사람들은 자신이 다른 사람들을 통제한다고 생각한다. 그러면서 실제로는 그들보다 더 노예가 되어 있다."

장 자크 루소의 이 말을 곰곰이 생각해 보라. 우리는 인간답게 살아가고 있는가?

일찍이 소크라테스는 인문학(Humanities)을 동물 상태의 본능적인 인간(man)을 인격과 교양을 갖춘 인간다운 인간(human)으로 만들어 주는 학문이라고 정의를 내렸다. 그리고 그의 정의에 따르면 사람답게 사는 길을 발견하고, 사람답게 살기 위해서는, 인간다운 인간이 되기 위해서는 인문학을 해야 한다는 결론에 도달할 수 있는 것이다.

현대 문명을 이룩한 두 축! 인문학과 과학!

인문학은 절대 과학이 될 수 없다. 그런 점에서 과학과 인문학은 상극이다. 마치 쌍두마차를 이끌고 가는 두 마리의 말처럼 서로 만날 수는 없지만 영원히 함께 가야 하는 그런 운명이다.

과학은 자연현상을 주제로 하는 학문이다. 하지만 인문학은 자연현상이 아닌 문화현상을 주제로 하는 학문이다. 자연현상의 주인공은 자연이라면, 문화현상의 주인공은 인간이다. 그래서 인문학은 인간학이라고 말해도 큰 무리가 없는 것이다.

재미있는 사실은 현대 문명을 이룩한 것은 과학도 아니고, 인문학도 아니라는 것이다. 이 두 가지가 적절하게 잘 맞물려 돌아갈 때 문명은 찬란하게 빛을 발하며 이루어졌다는 사실이다.

아이패드가 이 세상에 처음으로 공개적으로 소개될 때, 애플의 스티브 잡스는 직접 환상적인 프레젠테이션을 했다. 그는 자신의 트레이드마크이기도

한 청바지와 검은색 옷을 입고 애플과 아이패드에 관해 설명했다. 그런데 그의 모습 뒤로 묘한 의미의 사진이 하나 보였다.

그것은 우리가 길거리에서 흔하게 볼 수 있는 교차로 안내판이었다. 그런데 그 안내판에 쓰인 두 개의 도로 이름이 놀랍게도 기술과 인문학을 의미하는, TECHNOLOGY와 LIBERAL ARTS이었다.

여기서 논란이 되는 것 중의 하나가 liberal arts에 대한 정확한 의미이다. 인문학은 humanities라는 용어를 지금 우리들이 사용하고 있어서, 이때 사용된 liberal arts 즉 스티브 잡스가 내세운 이 말은 인문학을 의미하는 것이 아니라고 딴죽을 거는 사람들이 적지 않다.

하지만 그것은 무지의 소산에서 비롯되는 것임을 알아야 한다. humanities라는 오늘날 우리가 인문학이라고 부르는 용어는 앞에서도 얘기한 바 있듯이, 로마의 정치사상가인 키케로가 '인간에 관한 연구(studia humanitas)'학으로 교육 과목을 작성하면서 원칙으로 삼은 [휴마니타스(humanitas : humanity 또는 humaneness)에서 발생되었다.

'인간의 본성'이라는 라틴어 '휴마니타스(humanitas)'는 기원전 55년 키케로가 쓴 [웅변가에 관하여(Oratore)]라는 책에서 처음으로 사용되었던 말이다. 그리고 그 후에 겔리우스(A. Gellius)가 이 용어를 일반 교양교육(general and liberal education)의 의미와 동일시하여 사용하게 되었다. 결국 liberal arts 는 인문학을 의미하는 전인 교육을 위한 필수적인 과목인 교양 과목을 의미하기 때문에 인문학이라고 해석을 하는 사람들이 적지 않고, 그것이 틀렸다고만은 할 수 없다는 것이다.

그리고 더 중요한 것은 스티브 잡스의 입에서 나온 사진 설명에 대한 말이다.

" 인문학과 기술의 교차로입니다. 애플은 언제나 이 둘이 만나는 지점에 존재해 왔지요. 우리가 아이패드를 만든 것은 애플이 항상 기술과 인문학의 갈

림길에서 고민해 왔기 때문입니다. 그동안 사람들은 기술을 따라잡으려 애썼지만, 사실은 반대로 기술이 사람을 찾아와야 합니다."

놀랍게도 세계 최고의 혁신가 입에서 인문학이 없어서는 안 되는 학문이라는 주장이 나오게 되었다는 사실이다. 그리고 그의 주장은 전혀 잘못된 것이 아님을 모든 사람이 서서히 깨닫기 시작하면서 인문학 열풍이 다시 불게 되었다.

결국 이 세상의 학문은 두 가지로 크게 나눌 수 있다. 인문학과 과학이다. 그리고 과학은 다시 나누면 자연과학과 사회과학으로 나눌 수 있다. 인문학은 인간과 관련한 순수한 학문이고, 자연과학과 사회과학은 자연 현상과 사회 현상을 과학적인 방법을 사용하여 탐구하는 과학적 학문이다.

결국 인류의 문명은 이 학문이 이끌고 나갔던 것이라고 할 수 있다. 인류 컴퓨터의 산 역사라고 할 수 있는 빌 게이츠도 역시 이런 말을 했다.

" 인문학 없이는 나도 컴퓨터도 있을 수 없다."

스티브 잡스가 마이크로소프트에는 낭만이 없는 것이 가장 큰 문제라고 비난한 적이 있지만 빌 게이츠 역시 인문학 독서를 많이 한 인물 중의 한 명이다. 빌 게이츠가 책을 많이 읽는 독서광이라는 사실에 대해 모르는 사람은 이 세상에 한 명도 없을 것이다.

발명왕 에디슨의 아이디어는 모두 소크라테스의 아이디어이다.

세계 최초로 공업용 실험실을 건립한 사람! 그리고 1.093개라는 엄청난 수의 특허를 등록해 낸 사람! 그리고 지금까지도 세계적인 기업으로 성장하고 있는 제너럴 일렉트릭General Electric(GE)를 창업한 사람! 정식 교육은 겨우 6개월밖에 받지 못한 사람!

이러한 표현의 주인공인 에디슨의 위대한 힘과 에너지와 능력과 저력은 어디서 나온 것일까? 이미 많은 사람이 알고 있듯이 그가 중퇴한 후 힘든 생활을 하면서도 매일 도서관에 가서 책꽂이에 꽂혀 있던 책들을 모조리 다 읽어 버린 것 때문, 즉 독서의 힘 때문이다.

" 토마스 에디슨이 정식교육을 받은 기간은 6개월밖에 되지 않는다. 그러나 그는 어머니의 지도 아래 아홉 살 때 이미 [로마제국의 쇠락]과 같은 세계

명작을 읽었고, 철로 위에서 신문팔이로 일하면서도 매일 도서관을 찾아 책꽂이에 꽂혀 있는 책을 모조리 다 읽었다."

< 출처: 김달국, [29세까지 반드시 해야 할 일], 129쪽 >

 하지만 우리는 여기서 좀 더 구체적으로 살펴보아야 할 필요성이 있다. 왜냐하면 우리 주위에도 많은 사람들이 책에 미쳐서 책을 엄청나게 많이 읽는 사람들이 있지만, 그들 모두가 에디슨처럼 위대한 발명가가 되는 것은 아니기 때문이다. 그들의 독서량은 아마도 에디슨의 독서량을 능가할지도 모른다. 하지만 에디슨만큼 위대한 성공을 거둔 사람들은 많지 않다.

 그 이유는 무엇일까? 그것은 바로 에디슨이 일반 서적에 대한 독서는 물론이고 인문학 도서에 대한 독서에 심취했고, 그로 인해 위대한 철학자들의 생각과 아이디어를 고스란히 자신이 사용할 수 있을 만큼 상당한 수준의 인문학적 소양과 지식과 견해를 갖출 수 있게 되었기 때문이다.

 우리가 간과해서는 안 되는 사실 중의 하나는 그가 발명가로서만 일가를 이룬 것이 아니라 기업 경영과 마케팅에서도 놀라운 두각을 나타냈다는 점이다. 그의 다방면 능력은 모두 인문학적 소양에서 나왔다고 말할 수 있다.

 그의 발명품들은 아무 연관이 없어 보이는 다양한 분야의 지식과 통찰력을 놀랍게 연관시키고, 통합하여, 탄생시킨 것들이라는 점이다. 이러한 사실을 알 수 있는 토대가 된 것은 그가 직접 발명과 전혀 관련이 없는 셰익스피어가 자신의 발명에 큰 영향을 주었다고 말하는 것을 통해서였다.

 " 내 아이디어가 아니라 모두 셰익스피어의 아이디어입니다. 그가 마음만 먹었다면 얼마든지 발명가가 될 수 있었을 거요. 그는 모든 것의 내면이 훤히 보이는 모양입니다. 셰익스피어라면 멋진 것들을 얼마나 많이 생각해 냈겠습니까? 게다가 사물을 표현하는 방식까지 얼마나 독창적입니까? 그가 아니고서야 누가 그런 생각을 해낼 수 있겠습니까?"

 수많은 책을 통해, 그는 셰익스피어를 비롯한 위대한 인물들의 사고와 의식 수준을 빌려 왔고, 그것을 자신의 의식과 사고 수준을 향상하는 데 오롯이 사용하였다. 위대한 위인들이 항상 위대한 거인들의 진보된 사상과 업적을 토대로 하여, 더 나은 업적을 성취하듯, 에디슨도 자신이 읽은 수천 권의 책을 통해, 거인들이 이미 이루어 놓은 바로 그 지점에서 시작할 수 있었기에 천재적인 발명가가 될 수 있었다.

부록;

책 읽는 시간을 확보하는 방법

" 인간은 자기의 운명을 창조하는 것이지, 받아들이는 것이 아니다."

프랑스의 문학사가 비르만의 말이다. 그의 말처럼 자신의 운명은 이 세상과 환경이 주는 대로 받아들이는 것이 아니라, 자신의 의지와 노력으로 창조해야 하는 것이다. 그렇게 창조해 나가는 인생이 되기 위해 우리는 여러 가지 방법을 강구하고 노력해야 한다. 그리고 무엇보다 하루하루를 낭비하지 않고, 집중하는 것이 중요하다. 하지만 집중하고, 낭비하지 않는 것은 매우 힘이 들고 어렵다.

그렇다면 우리가 집중하지 못하게 하는 것은 무엇일까? 쓸데없는 것에 시간을 낭비하게 되는 이유는 무엇일까? 이러한 질문에 대한 해답의 실마리를 필자는 다음의 문장을 통해 얻게 되었다.

" 현대는 유별나게 주의력을 도둑맞고 있다. 그 주범 네 가지를 꼽자면 서두름, 과잉 정보, 걱정, 잡동사니이다. "

에드워드 M. 할로웰은 자신의 저서인 [창조적 단절]에서 한 말이다. 그는 하버드대학교 의대 교수 출신으로 주의력결핍장애(ADHD) 분야 전문가로 활약하던 중에 수많은 사람으로 하여금 주의력결핍 상태로 만드는 것이 바로 위의 네 가지라고 지적한 바 있다. 그렇다면 서두르지 않고, 과잉 정보와 무익한 걱정을 하지 않고, 잡동사니에 휘둘리지 않게 하려면 어떻게 해야 할 까? 필자는 '3년 독서의 법칙 노트'를 작성할 것을 그 해법으로 제시하고자 한다.

' 3년 독서의 법칙 노트'를 작성하라."

쓸대없는 낭비의 시간을 끊고, 독서에 매진하기 위해 우리는 우리보다 먼저 살다 간 위인 중에 쓸데없는 낭비의 시간을 가장 잘 이용하여 성공한 사람을 찾아, 그 비법을 배우고, 그것을 자신만의 기술로 개선해 나간다면 우리 모두 시간 활용 전문가가 될 수 있다고 생각한다.

필자가 소개하고자 하는 위인은 '시간을 정복한 남자'라 불리는 러시아의 과학자 알렉산드르 류비셰프이다. 그는 한 마디로 쓸데없는 낭비의 시간을 완전히 끊어 버린 남자이다. 그의 독서와 심지어 업무도 자투리 시간에 많이 이루어졌다. 그는 쓸데없는 낭비의 시간을 끊기 위해 남들과 다른 한 가지 행위를 더 하면서, 자신의 일상에 숨어 있는 낭비의 시간을 찾아내고, 그것을 유용하게 사용한 대가인데, 그가 사용한 남들이 하지 않았던 다른 한 가지 행위는 '50여 년 동안 하루도 빠짐없이 '시간 통계' 노트를 작성하는 행위였다.

그가 자투리 시간의 활용 대가가 될 수 있었던 것은 자신이 매일 작성하는 '시간 통계' 노트 덕분이라고 할 수 있다. 심지어 그는 모든 일에 든 시간을 계산해서 기록하고, 매달, 매년 시간 통계를 결산하면서 시간 계획을 세웠다. 이 덕분에 그는 쓸데없는 낭비의 시간을 제거할 수 있었다.

" 1916년, 당시 26세 나이로 시작한 이 일을 그는 하루도 빼먹지 않았다. 기록 형식은 간단했다. '1964년 4월7일, ▲곤충 분류학: 알 수 없는 곤충 그림을 2점 그림. 3시간 15분 ▲어떤 곤충인지 조사함-20분 ▲추가 업무: 슬라브에게 편지-2시간 45분 ▲사교 업무: 식물보호단체 회의-2시간 25분 ▲휴식: 이고르에게 편지-10분'

그는 회계장부를 기록하듯 매일 시간을 계산해 넣었다. 심지어 자기 서재에 들어와 시시콜콜 질문하는 딸에게 친절하게 답해줄 때도 허비한 시간을 틈틈이 적었다. 자투리 시간을 아껴야 했으므로 버스·기차 타는 시간, 회의 시간, 줄 서있는 시간조차도 셈했다. 장기 출장을 갈 때는 읽을 책 목록을 정한 뒤 출장지에 해당 서적을 미리 우편으로 부쳤다. 이렇게 쌓은 시간 기록을 매달 말 합산했으며, 연말에는 이를 다시 결산했다. 그래프와 표도 만늘었나. " < 경향신문, 조장래 기자, 미디어 리뷰 중에서>

이러한 생활 습관 덕분에 그는 70여 권의 학술 서적과 총 1만 2,500여 장(단행본 100권 분량)에 달하는 연구논문, 그보다 방대한 양의 학술자료와 꼼꼼하게 수제본한 수천 권의 소책자들을 남겨 놓을 수 있었던 것이다. <출처, 다닐 알렉산드로비티 그라닌, [시간을 정복한 남자, 류비셰프], 황소자리 >

그렇다면 우리도 이제 쓸데없는 시간의 낭비를 끊기 위해, '우리 만의 시간노트'를 만들어 보면 어떨까? 과연 하루 24시간을 우리는 어떻게 사용하는 것일까? 그리고 그러한 시간노트에 하루에 한 권씩 읽고자 도전했고, 읽었던 책의 제목과 저자, 그리고 한 줄 요약과 함께 가장 마음에 남는 문장이나 내용을 함께 기록한 다면 훌륭한 나만의 '3년 독서의 법칙 노트'가 되지 않을 까?

'3년 독서의 법칙 노트'는 자신의 낭비하는 시간을 찾아내고, 줄이기 위한 하루 동안의 시간 사용에 대해 적고, 하루 동안 읽은 한 권의 책이 무엇인지 적는 시간 노트와 간단한 독서 노트를 결합한 3년 독서의 법칙을 실천하기 위한 전용 노트라고 할 수 있다.

<u>"3년 독서의 법칙 노트 = 시간 관리 노트 + 독서 활동 기록 노트 "</u>

현대인들의 삶을 살펴보면, 하루 24시간 중에 쓸데없는 일로 낭비를 하게 되는 시간이 의외로 적지 않다는 사실을 알 수 있다. 우리는 그 시간을 찾아내서 끊어야 한다. 다행히 이러한 고민을 한 사람들이 적지 않다는 사실을 알게 되었고, 그 결과 인생의 3분의 1인 주말을 잘 활용하여, 시간의 낭비를 막는 법에 대해 자연스럽게 관심이 쏠렸고, 그것과 관련하여 이미 고민하고, 해법을 제시한 인물과 책을 한 권 소개함으로써 그 비법을 배워 보도록 하겠다.

<u>" 주말의 시간 낭비를 막아라. "</u>

[주말 경쟁력을 높여라]의 저자인 공병호 소장은 자신의 이 책을 통해, '주말을 제대로 보낼 수만 있다면 지금과는 완전히 다른 삶을 창조해 낼 수 있을 것이라는 자신의 생각과 경험담'을 밝히고 있다. 주말 48시간을 제대로만 활용하여, 낭비를 막을 수 있다면, 이것은 매우 큰 시간을 확보할 수 있다. 다시 말해, 주말은 직장인들에게 제2의 인생을 시작할 수 있도록 도와주는 좋은 기회인 셈이다. 이 기회를 수많은 사람은 특별히 하는 일 없이 거실에서 빈둥대며, '왜 이렇게 재미있는 것을 안 하나?'며 애꿎은 방송사만 나무라면서 황금 시간을 낭비하고 있다. 이렇게 낭비하는 직장인이 무려 60퍼센트에 이르는 것으로 나타났다. <같은 책, 22쪽>

주말의 시간은 출퇴근 시간이나 그 전후 시간이 없으므로, 절대적인 시간이 확보되는 직장인들에게는 최고의 황금 시간인 셈이다. 이 시간을 빈둥대면서, 보내는 사람에게는 미래가 있을 수 없다. 이렇게 주말을 망치는 이유에 대해서 공병호 소장은 같은 책에서 3가지 잘못된 사고방식 때문이라고 말한다.

" 첫째, 주말은 지난 한 주에 대한 보상이다.

둘째, 주말엔 무조건 쉬거나 놀아야 한다.

셋째, 주말엔 가족에게 봉사해야 한다. "

여기에 대해서 공병호 소장은 해법을 제시했다. 첫째, 한 주의 시작을 월요일이 아니라, 일요일부터라고 생각을 바꿔보라는 것이다. 그렇게 생각을 바꾸면, 좀 더 주말을 가치 있게 보내는 일에 신경을 쓸 수 있다. 둘째, 진정한 휴식은 무조건 쉬거나 노는 것이 아니라, 자신의 미래를 준비하고, 에너지를 재충전하는 것으로 생각하라고 한다. 셋째, 자기 자신이 만족하고, 가슴 뿌듯한 일을 하면서 주말을 보낼 때, 가족들도 따라서 행복해진다는 것이다.

주말에 시간 낭비를 막기 위한 가이드라인은 무엇이 있을까? 반드시 이것만은 꼭 지키면, 주말의 시간 낭비를 믹고, 그 시간을 자신의 미래를 위해, 책을 읽을 수 있을까?

첫째. 반드시 새벽에 일어나라. (토, 일 모두)

 평일 동안 자지 못했던 것을 분풀이라도 하는 듯, 온종일 잠을 자는 경우가 있다. 하지만 잠은 자다 보면, 더 잠을 자야 하는, 이른바 '잠이 잠을 자는 현상'에 빠지게 되어, 주말을 망치게 되는 경우가 있다. 하지만 새벽부터 일어나면, 이러한 현상이 발생하지 않는다. 오히려 새벽에 일어나, 새벽부터 활동하게 되면, 주말이 2배, 3배나 길어진 느낌을 얻게 된다. 새벽에 일어나 3~4시간을 오롯이 책에 집중할 수 있다.

 주말 새벽은 출근 준비로부터 자유로워지는 시간이며, 아침을 좀 늦게 먹어도 되는 매우 자유로운 시간대이다. 가족들도 모두 잠을 자고 있으므로, 주말 새벽 5시에 일어나게 되면, 보통 늦은 아침을 9시나 10시에 먹든가, 아예 먹지 않고, 브런치를 11시에서 12시 사이에 먹게 되기 때문에, 아무것도 하지 않고, 아무런 방해도 받지 않고, 오롯이 책만 볼 수 있는 시간이 5시간 정도 확보된다. 이때를 잠으로 낭비해서는 절대 안 된다.

포브스 코리아 지가 2008년 11월호에 조사한 바에 따르면, 대한민국의 CEO들 중에 80%는 아침 6시 이전에 기상하는 것으로 나타났다. 이 수치는 2004년도 조사할 때의 70%보다 더 높아진 수치이다. CEO들도 이렇게 일찍 일어난다는 사실을 명심하고, 일찍 일어나는 사람으로 변화를 추구하자.

둘째. 반드시 도서관에 가라.

주말의 낮 시간에는 집에 있으면, 이런 저런 이유로 절대 책에 집중할 수 없게 된다. 특히 가족이 있는 경우는 더욱 더 그렇다. 새벽에 일찍 일어나 책을 읽은 사람의 경우에는 잠이 쏟아 질 수도 있다. 이 때 집에 있으면, 자기도 모르게 침대에 가서 눕게 된다. 그렇게 되면, 온 종일 잠에서 벗어날 수 없다. 그렇기 때문에 반드시 도서관으로 피신을 해야 한다.

도서관에 가면, 설사 잠이 온다 해도, 한 시간

정도 엎드려서 자면, 다시 원기 회복이 된다. 하지만 도서관에 가야 하는 이유가 이것뿐만이 아니라, 아무리 집에 책이 많다고 해도, 도서관보다 많을 수가 없다. 도서관에 있는 책을 다 읽겠다는 생각으로 도서관에 가는 것이다. 그러한 각오로 가서, 도서관에 앉아 있으면, 책을 읽지 않고서는 참지 못 하게 된다.

셋째. 반드시 밤 10시까지 도서관을 사수하라.

주말의 새벽과 낮 시간을 정말로 알차게 보냈다면, 가장 큰 문제가 주말 저녁이다. 주말 저녁이야말로 우리가 낭비하기 가장 쉬운 시간대이다. 특별한 볼일도 없으면서, 그저 주말 저녁을 낭비한다. 그러므로, 주말 저녁에는 밤 10시까지 도서관을 지켜야 한다. 도서관에 죽치고 있으면, 결국 책을 읽게 된다.

처음에는 힘들지만, 습관이 되면, 이것보다 더 신나는 일은 없다는 것을 알게 된다. 무엇을 하든 처음 시작은 매우 어렵고 두렵기까지 한 것이다. 하지만 시작이 어려운 법이지, 일단 시작해 놓고 보면, 별것이 아니라는 생각을 하게 된다. 그렇기 때문에 주말 시간을 제대로 보내는 일도 일단 시작해 보자. 일단 도서관에 가보고, 새벽에 일어나 보자. 인생이 달라지는 느낌을 얻게 될 것이고, 실제로 인생이 달라질 것이다.

시간은 삶이고, 삶은 곧 시간이다. 100억 원을 준다 해도, 우리는 단 한 시간도 살 수 없고 만들 수 없다는 사실은 너무나 잘 알고 있지만, 아무 쓸모없는 일만 하며 시간을 낭비하고 있는 경우가 너무 많다. 이제 낭비하는 시간을 발견하고, 찾아내서 끊어 버리고, 유익한 일에 그 시간을 활용하는 현명한 사람이 되어 보자. 필자도 그렇고, 당신도 그렇다.

15대 4의 법칙(15:4 Rule)을 활용하라.

'15대 4의 법칙'이란 시작하기 전에 15분 동안 무엇을 할 것인지 생각하면, 나중에 4시간을 절약할 수 있다는 법칙이다. 시간의 낭비를 막고자 노력한다면 무조건 열심히 일하는 것보다 미리 계획을 세우고, 무엇을 할 것인지를 명확하게 정한 후 일을 하는 것이 매우 중요할 것 같다. 이 법칙은 무조건 열심히 하지만, 따지고 보면 시간 낭비가 많은 이들에게 매우 유용한 법칙이라고 할 수 있다.

" 15:4의 법칙은 시작하기 전에 15분 동안 무엇을 할 것인지 생각하면 나중에 4시간을 절약할 수 있다는 법칙, 유래: 미국의 작가인 제임스 보트킨이 성공한 사람들의 시간 사용 패턴을 분석하는 과정에서 정립한 것이다. "
<출처: SERI CEO 콘텐츠팀, [수중혜(내 손 안의 지식 은장도)], 삼성경제연구소, 2009.08, 65쪽 >

이 법칙은 미국의 작가 제임스 보트킨(James Botkin)이 성공한 사람들의 시간 사용 패턴을 분석하면서, 그 과정에서 정립한 것이다. 어떻게 생각하면 정말 놀라운 법칙이 아닐 수 없다. 어리석은 사람과 현명한 사람이 차이나 나는 것은 따지고 보면 능력의 차이가 아니라, 이러한 보이지 않는 사고와 지혜의 차이인 듯싶다. 이 법칙을 보고 있으면, 생

각나는 인물들이 한 둘이 아니다. 시간 관리의 대가인 벤저민 프랭클린과 효율적인 시간 관리의 비법을 말해주는 명언을 남긴 링컨이 일단 먼저 생각나는 인물들이다.

벤저민 프랭클린은 시간 관리와 자기관리로 200여 년간 '자기 계발의 대명사'가 되었다. 정규 교육은 2년밖에 받지 못했지만, 부단한 자기 계발과 독학으로 미국 건국의 아버지 중 한 명이 되었고, 그의 자서전은 미국에서 성경 다음으로 많이 읽힌 책이 되었다.

" 그대는 인생을 사랑하는가?
그렇다면 시간을 낭비하지 마라.

왜냐하면, 시간은 인생을 구성하는 재료이기 때문이다. 똑같이 출발했는데, 세월이 지난
뒤에 보면 어떤 이는 뛰어나고 어떤 이는 낙오되어 있다. 이 두 사람의 거리는 좀처럼
가까워질 수 없게 되어 버렸다.

이것은 하루하루 주어진 자신의 시간을 잘 이용했느냐, 허송했느냐에 달려 있다. "

< 출처: 벤저민 프랭클린, [벤저민 프랭클린 자서전], 9쪽 >

프랭클린 코비 사의 최고 경영자인 우리 시대 최고의 시간 관리 전문가로 유명한 하이럼 스미스(Hyum W. Smith)는 자신의 저서인 [성공하는 시간 관리와 인생 관리를 위한 10가지 자연 법칙] (김영사, 1998.10) 에서 철저한 시간 관리를 강조한 바 있다. 우리를 그의 방법을 배워서 낭비하는 시간을 찾아 없애야 할 것 같다.

그는 자신의 이 책에서 시간을 낭비하게 요소를 시간 도둑이라고 말하면서, 5가지의 시간 도둑에 대해 말한다.

" 다양한 직업과 부류의 사람들의 응답을 모은 결과, 가장 많이 거론되는 시간도둑의 순위는 다음과 같다.

1. 방해에 의한 중단.
2. 뒤로 미루기.

3. 우선순위의 변경.
4. 엉성한 계획.
5. 대답 기다리기. "

 <출처: 하이럼 스미스, [성공하는 시간 관리와 인생 관리를 위한 10가지 자연법칙] (김영사, 1998.10, 55쪽 >

 이러한 시간 도둑들에 대해서 설명과 함께 여러 가지 해법을 그는 제시한다. 이 중에서 미루기를 극복하는 방법을 몇 가지를 제안한다.

" - 데드라인을 정하라. 데드라인을 정하면 없을 때와 비교해서 긴박감을 만들어낼 수 있다.
 - 싫은 것부터 먼저 처리하라. 그렇게 하면, 갈수록 기분 좋은 일이 기다리고 있다는 기대를 할 수 있고, 긍정적인 기분으로 그날을 마감할 수 있다.
 - 게임하듯 하라. 고역을 즐거움으로 바꾸는 효과적인 방법이다.
 - 스스로에게 상을 주어라. 일을 빨리 완수하고자 하는 유인책이 된다. "

 <출처: 하이럼 스미스, [성공하는 시간 관리

와 인생 관리를 위한 10가지 자연법칙] (김영사, 1998.10, 75쪽 >

 특히 일이 엄청나 보여서 미루게 되는 경우나 시도조차 하지 못할 경우에는 헨리 포드의 충고를 받아들이라고 말한다.

 " 일을 미루는 또 다른 이유에는 일이 너무나 엄청나 보이기 때문일 경우가 있다. 일의 크기나 기한, 또는 복잡성이 부담이 가는 것이다. ... 그러나 아무리 엄청난 일이라도 헨리 포드의 충고를 받아들인다면 그래도 덜 압도당할 것이다.

 '일을 잘게 나눈다면 특별히 어려운 일이란 없다.' "
 <출처: 하이럼 스미스, [성공하는 시간 관리와 인생 관리를 위한 10가지 자연법칙] (김영사, 1998.10, 55쪽 >

 " 시간은 돈과 같다. 하루 24시간 하루를 24억 원과 비교해 보자. 1시간은 1억 원이다. 10분은

1,500만 원의 가치가 있다. 누구든지 자기 은행 계좌에서 도둑이 돈을 빼간다면 매우 화가 날 것이다. 그러나 시간 도둑(잡담, TV, 불필요한 시간들이기 등등)이 와서 자기 시간을 빼앗는 것에 대해서는 눈 하나 깜짝하지 않는다."

<출처: 하이럼 스미스, [성공하는 시간 관리와 인생 관리를 위한 10가지 자연법칙] (김영사, 1998.10, 제1 법칙, 시간 도둑 중에서 >

 그리고 또한 그는 시간 낭비의 주범이 바로 엉성한 계획이라고 지목했다. 오래전부터 잘 알고 있는 격언 중 하나인 " 계획에 실패하면 실패를 계획하는 것이다."라고 말했는데, 이것은 실패를 계획할 뿐만 아니라, 너무나 많은 시간 낭비를 계획하는 것이라 할 수 있다. 바로 이런 성질의 말을 한 사람이 링컨이다. 시간 관리의 비법을 알려 주는 명언을 남긴 링컨의 명언은 무엇일까?

" 장직을 패는 데 쓸 수 있는 시간이 8시간이라면 나는 그중 6시간을 도끼날 세우는 데 쓸 것이다. "

그는 15대 4의 법칙보다 더 심하다. 8시간 중에 무려 6시간을 도끼날을 세우는 데, 즉 준비 작업에 사용하겠다는 것이다. 과연 이것이 효과적일까? 15대 4의 법칙은 어느 정도 수긍이 간다. 하지만 링컨의 말에 대해서는 독자들은 어떻게 생각하는가? 장작 패는 데 8시간이 주어졌다면, 아무리 못 해도, 6시간은 장작을 패야 하지 않을까? 하지만 이런 필자의 단순한 생각은 잘못된 생각이라는 사실을 깨닫게 되었다.

위대한 성공을 거두는 위인들은 먼저 큰 그림을 그리고, 계획을 세운 후에 일에 착수한다. 하지만 보통 사람들은 그런 과정을 생략하거나, 축소한 후에 큰 그림을 그리지 않고, 눈앞의 일만 열심히 하는 경향이 있다. 결국 성공을 하고, 빨리하는 사람은 전자가 된다. 이것은 시간의 낭비뿐만 아니라, 인생의 낭비도 예방할 수 있는 방법이다. 큰 그림을 보자. 멀리 내다보자. 그것이 시간과 인생의 낭비를 막는 지름길이다.

3년 독서의 법칙을 실천하여 성공하기 위해서는

가장 중요한 것이 시간 확보이다. 그리고 그것은 낭비되는 시간을 찾아서, 유용하게 사용할 수 있어야 가능하다. 무조건 빡빡하게 계획을 세우고, 그것을 실행하는 것보다 먼저 큰 그림을 그리고, 15분 동안 어떤 책을 어떻게 읽을 것이며 어디서 읽을 것인지를 생각한다면, 4시간의 시간 낭비를 줄일 수 있게 될 것이다.

판권

종이책 : 값 11,000 원

초판 인쇄: 2025년 11월 10일
초판 발행: 2025년 11월 10일

지은이: 김병완
발행인: 플랫폼연구소

출판등록: 제 2020-000075호

전화: 010-3920-6036 / 02-556-6036
이메일: pflab2020@naver.com

주소:서울시 강남구 삼성동 116 백우빌딩 402호

ISBN 979-11-91396-76-8(03190)

* 이 책의 전부 또는 일부 내용을 재사용하시려면 사전에 저작권자와 도서출판 (주) 플랫폼연구소의 동의를 받아야 합니다.

* 잘못된 책은 구입하신 서점에서 교환하여 드립니다.